Cynthia Bourgeault

Über den Tod und unsere letzte Entscheidung

Über den Tod

und unsere letzte Entscheidung

Leben lernen in 12 Lektionen über das Sterben

Aus dem Englischen
von Helga Jacobsen und
Robert Cathomas

Chalice Verlag

Diese zwölf Lektionen wurden ursprünglich
2022 im Rahmen eines Online-Kurses gehalten
auf dem Internetportal Spirituality & Practice
www.spiritualityandpractice.com
unter dem Titel *The Mystery of Death*

Deutsche Erstausgabe

Titelbild: Pexels / Dziana Hasanbekava

Druck: Libri Plureos GmbH, Hamburg

Chalice Verlag, Postfach 1139, 46500 Xanten
kontakt@chalice-verlag.com

ISBN 978-3-942914-59-8

Inhalt

CYNTHIA BOURGEAULT

Der Tod ist der erste
vollpersonale Akt des Menschen
und somit der seinsmäßig bevorzugte Ort des
Bewusstwerdens, der Freiheit, der Gottbegegnung
und der Entscheidung über das ewige Schicksal

LADISLAUS BOROS

Unsere gestörte Beziehung zum Tod
ist im Grunde genommen der Spiegel unserer
gestörten Beziehung zum Leben

—

Wenn wir uns allmählich mit dem Tod
vertraut machen und ihn als natürlichen und
letzten Endes heiligen Teil unseres Lebens
zurückgewinnen, lässt unsere Angst nach
und wir können mit einer neu entdeckten
Freiheit und Leichtigkeit leben

—

Gibt es also ein Leben nach dem Tod?
Ja, darauf können Sie wetten, aber
es beginnt hier und jetzt

CYNTHIA BOURGEAULT

Einleitung

In dem hier erstmals in Buchform publizierten Studienkurs, ursprünglich gehalten unter dem Titel "The Mystery of Death" im Frühjahr 2022 als einmonatiger Online-Kurs auf dem Internetportal Spirituality & Practice, erkundet die Autorin ein zeitweise leider in Vergessenheit geratenes mystisches Juwel: das 1962 erschienene Buch *Mysterium mortis: Der Mensch in der letzten Entscheidung* des ungarisch-schweizerischen Theologen und Philosophen Ladislaus Boros (1927–1981), von dem sie sagt, es bilde seit über vierzig Jahren eine der Hauptstützen ihrer eigenen spirituellen Arbeit.

Boros kommt zu dem Schluss, dass wir heute in Bezug auf die ewigen Fragen über das Leben und den Tod das große Ganze aus den Augen verloren haben, das Gesamtbild, in welchem wir verbunden sind mit den Welten jenseits der unsrigen und einer größeren spirituellen Kohärenz und Führung unterstehen, als wir es uns vorzustellen vermögen, und in dem es auf fast schon verlorene menschliche Charaktereigenschaften ankommt wie Mut, Vertrauen, Gelassenheit und Empfänglichkeit.

Der Kurs besteht aus zwölf Lektionen zu verschiedenen Aspekten und Themen aus *Mysterium mortis* mit jeweils einem Essay von Cynthia Bourgeault, vertiefenden Fragen zur bewussten Reflexion sowie spirituellen Übungen mit dem Fokus der Hingabe, des Sich-Ergebens oder des Loslassens, wie sie in ähnlicher Form in praktisch allen Weisheitstraditionen zu finden sind. Im ursprünglichen Kursablauf lagen zwischen den einzelnen Lektionen jeweils zwei bis drei Tage, sodass sich ein vergleichbarer Rhythmus bei der Arbeit mit diesem Buch empfiehlt.

Die aus dem Teilnehmerkreis des Online-Kurses eingereichten Fragen wurden vom Veranstalter gesammelt, konsolidiert und in einer abschließenden Videokonferenz von der Autorin beantwortet. Die Transkription dieses einstündigen Interviews findet sich als Kapitel »Fragen und Antworten« nach den zwölf Lektionen.

An einigen Stellen haben wir die Ausführungen von Cynthia Bourgeault zu Ansichten und Konzepten Ladislaus Boros' durch Fußnoten ergänzt, die erklärende oder weiterführende Zitate aus seinem Gesamtwerk beisteuern.

Helga Jacobsen & Robert Cathomas
Xanten, August 2023

Lektion 1

Gedenke deines Todes

»Setze dich in deine Zelle, sammle deine Gedanken und gedenke des Tages deines Todes.«[1] Dieser drastische Rat des frühchristlichen Wüstenvaters Euagrios Pontikos (345–399) ist gewiss eine der kontraintuitivsten religiösen Anweisungen, die jemals erteilt wurden. In unseren modernen Ohren klingt die Aufforderung morbide und lebensfeindlich; instinktiv lässt uns eine solche Aussage zurückschrecken. Doch sämtliche großen Weisheitslehren aller Zeiten haben immer wieder übereinstimmend bekräftigt, dass es tatsächlich das Paradox des »engen Tores und schmalen Weges« (Mt 7.13) ist, das zum Leben führt.

Wir heutigen Westler leben in einer Kultur, die den Tod in einem Maß verleugnet, wie es in der Geschichte der menschlichen Zivilisation noch nie zuvor der Fall war. Elisabeth Kübler-Ross richtete mit ihrem Klassiker *On Death and Dying* unsere Aufmerksamkeit bereits 1969 auf diesen Sachverhalt,[2] und in den darauffolgenden fünf Jahrzehnten, in denen die damals jungen Erwachsenen zu den heutigen Babyboomern gealtert sind, haben sich die Dinge diesbezüglich nur noch verschlechtert – *bedeutend* verschlechtert. Viele Kommentatoren haben beobachtet, dass unsere gesamte materialistisch geprägte Kultur im Wesentlichen ein gigantisches Leugnen des Todes ist, eine panische Flucht in die Produktwelt des »Jungbleibens«, mit ihren Faceliftings, Fitnessgeräten, Body-Trackern, obsessiven Trainingsplänen und Ernährungsdiäten, traumhaften Urlaubsreisen und verschwenderischen Aus-

1. Aus: *Apophthegmata,* Nr. 1, in *Clavis patrum graecorum,* 2462.

2. Auf Deutsch erschien das Buch 1971 unter dem Titel *Interviews mit Sterbenden,* Stuttgart: Kreuz-Verlag.

gaben und ihrem endlosen Angebot an neuen technischen Gadgets, um die Dinge immer beschwingt und »auf das Leben fokussiert« zu halten. Es ist eine gewaltige kollektive Unterdrückung des Schattens, die funktioniert – bis sie eben nicht mehr funktioniert.

Schließlich hat es ausgerechnet die noch immer schwelende Pandemie geschafft, den Schleier vor diesem gewaltigen Schwindel und unserer menschlichen Fragwürdigkeit brutal wegzureißen. Fast jeder auf diesem Planeten hat einen befreundeten oder geliebten Menschen durch Covid verloren. Diejenigen unter uns, die sich immer noch als »Überlebende« betrachten, sind dies allzu oft im virtuellen, selbst auferlegten Exil, eingeschlossen in ihre Wohnungen und Häuser, nur noch verkehrend in ihrem unmittelbaren Freundeskreis und unaufhörlichen Videoschaltungen, und versuchen, den Sturm zu überstehen, der jetzt zum festen Bestandteil unseres Lebens geworden zu sein scheint. Alles andere als überraschend hat der Einbruch der psychischen Gesundheit mittlerweile krisenhafte Ausmaße erreicht, insbesondere bei jüngeren Menschen, die keine Zukunft und keine Hoffnung mehr sehen. Es herrschen Misstrauen, Angst und Selbstschutz, häufig beschönigt als »Sorge um die Mitmenschen«. Am Leben zu bleiben, ist das höchste Ziel in unserer Vorstellungskraft.

Vielleicht wäre es an der Zeit, kehrt zu machen und einen genaueren Blick auf die alte Weisheit in der Lehre des Euagrios zu werfen.

Nein, Euagrios ist weder morbide noch der Einzige, der uns diesen Ratschlag erteilt. Die großen spirituellen Traditionen aller Zeiten haben uns übereinstimmend die Übung des »Stirb, bevor du stirbst« ans Herz gelegt. Jesus selbst nahm kein Blatt vor den Mund: »Denn wer sein Leben retten will, wird es verlieren; wer aber sein Leben um meinetwillen verliert, wird es finden« (Mt 16.25). Er lehrt hier keinen Gleichmut und auch keinen Gratifikationsplan eines »späteren

Lohns im Himmel«. Er offenbart eine tiefere innere Wahrheit: In Wirklichkeit ist es die *Angst* vor unserem eigenen Tod, die uns zu Lebzeiten gefangen hält, immer angekettet an »das Schlimmste, was passieren kann« – was uns dann natürlich zwangsläufig auch passieren *wird.*

Es mag uns eine gewisse Erleichterung verschaffen, wenn wir einsehen, dass nur für uns Menschen – genauer gesagt, nur für uns *moderne* Menschen – der Tod entweder etwas Unnatürliches oder etwas Furchterregendes ist. Für die meisten unserer fühlenden Mitgeschöpfe ist er ein Teil des großen Kreislaufs des Lebens und kommt nie als Fremder, weil er immer inniglich präsent war in der Tiefenstruktur unseres Wesens. Dort können wir ihm jeden Moment begegnen, und zwar nicht als einem Feind, sondern als einem Vorgeschmack auf das tiefere Leben, in dem wir uns ununterbrochen befinden. Wenn wir uns allmählich mit dem Tod vertraut machen und ihn als natürlichen und letzten Endes heiligen Teil unseres Lebens zurückgewinnen, lässt unsere Angst nach und wir können hier und jetzt in einer neu entdeckten Freiheit und Leichtigkeit leben. Und mit Mut – dem Mut, unserem Gewissen zu folgen, uns für das zu entscheiden, was wirklich richtig und dem Menschen angemessen ist, ohne bereits im Voraus die Kosten abzuwägen.

Das ist die große Aufgabe – gleichzeitig aber auch die echte Möglichkeit –, die uns dieser Studienkurs bietet. Zugegebenermaßen ist es für die meisten von uns (mich eingeschlossen) eine Herausforderung, so weit zu kommen wie der heilige Paulus, als er verkündete: »Ob wir leben oder ob wir sterben, wir gehören dem Herrn« (Röm 14.8). Doch es gibt ein Geländer auf dem Weg, das unseren ängstlichen Geist besänftigen und uns helfen kann, die Gefängnismauern der Angst hinter uns zu lassen und unser Leben aus jener größeren Fülle heraus zu leben, von der wir immer ein Teil sind. Unsere gestörte Beziehung zum Tod ist im Grunde genommen der Spiegel unserer gestörten Beziehung zum Leben.

Unser Reiseführer auf dieser Frühlingspilgerwanderung ist Ladislaus Boros, ein heute weitgehend vergessener zeitgenössischer jesuitischer Mystiker, der 1981 in relativ jungen Jahren starb, die von einer lebensverändernden Offenbarung geprägt gewesen waren. Die größte Frucht dieser Offenbarung ist sein 1962 erschienenes Buch *Mysterium mortis: Der Mensch in der letzten Entscheidung,* dessen englische Übersetzung 1965 veröffentlicht wurde und dann viele Jahre lang vergriffen war, bis eine kleine Gruppe von uns die Tiefe seiner Lehre erkannte und es 2020 in den USA wieder in Druck brachte.[3] Darin präsentiert Boros eine überzeugende Argumentation für eine vollständige Umdeutung unserer Auffassung vom Tod – weg vom gnadenlosen Sensenmann hin zum einzigartigen Moment, in welchem wir (so erstaunlich es auch scheinen mag) zur vollen Freiheit und Person erwachen und auf dieser Grundlage unsere endgültige Entscheidung (oder »Endentscheidung«) hinsichtlich unserer Beziehung zum ewigen bewussten Leben jenseits des Grabes treffen. Boros legt uns Schritt für Schritt dar, wie wir das Rohmaterial unseres Lebens, insbesondere in seinen klassischen Übergängen, dazu nutzen können, in dieses Geschenk der Freiheit nach und nach einzuwilligen und hineinzuleben, das uns schließlich im Moment unseres Todes verliehen wird.

Für die Christen unter Ihnen fällt dieser Online-Kurs zur Osterzeit auf den Beginn der fünfzig Tage gemeinsamer Freude und Danksagung, die auf die triumphale Auferstehung Christi über den Tod am Ostersonntag folgen. Dies mag als seltsamer Zeitpunkt erscheinen, ein Studium zum Thema Tod zu beginnen; doch wenn wir den Sinn dessen verstehen, was Euagrios sagt, wird auch klar, warum es genau die richtige Zeit für diese Fragestellung ist. Jesus lehrt uns in

3. Ladislaus Boros: *Mysterium mortis: Der Mensch in der letzten Entscheidung,* mit einer ausführlichen Einleitung von Cynthia Bourgeault unter dem Titel »Boros, Teilhard und das *Mysterium mortis*«, Gesamtausgabe in elf Bänden, Band 3, Xanten: Chalice Verlag 2023.

der Osterzeit vor allem, dass der einzige über den Tod hinausführende Weg jener ist, der *durch* ihn hindurchführt. Das gesamte, nur kurz währende geistliche Amt Jesu auf Erden war eine Vorbereitung auf den Tod; sein Tod am Kreuz und die legendären »drei Tage im Herzen der Erde« waren eine sakramentale Inkraftsetzung davon; und seine Auferstehung war eine aktive und universale Freisetzung dieser erlösenden Energie zugunsten der gesamten Menschheit.

Jetzt, an der Schwelle dieser besagten fünfzig Tage, steht uns diese Energie sogar noch kraftvoller zur Verfügung und kann uns helfen, uns zu wappnen und es endlich anzupacken – uns dem *zuzuwenden*, vor dem wir schon so lange auf der Flucht sind, und zu beginnen, uns hier und jetzt in unser eigenes auferstandenes Leben hinein zu befreien. Boros wird uns den Weg weisen. Auch wenn Sie kein praktizierender Christ sind, wird er Ihnen auf eindrückliche Weise darlegen, warum die sakramentale, noch immer in der kosmischen Erlösungstat Christi gebündelte Energie für den gesamten Planeten da ist, auf dem wir mit dem kostspieligen Akt der gemeinschaftlichen Wiederherstellung dessen beginnen, was es wirklich bedeutet, ein Mensch zu sein.

Fragen zur Reflexion

Es werden schwere Zeiten kommen, in denen wir die Stimmen von Autoren und Autorinnen brauchen, die Alternativen zu unserer gegenwärtigen Art zu leben sehen können, die unsere angsterfüllte Gesellschaft und ihre obsessiven Technologien zu durchschauen und andere Daseinsweisen vorherzusehen vermögen und sich sogar wahren Grund zur Hoffnung vorstellen können. Wir werden Schriftstellerinnen und Schriftsteller brauchen, die sich an die Freiheit zu erinnern vermögen –

Dichter, Visionär und Realisten einer größeren Wirklichkeit.[4]

Ursula K. Le Guin

1 Diese prophetische Erkenntnis Le Guins ist mittlerweile älter als eine Generation. Inwiefern ist sie heute noch immer wahr – oder sogar noch wahrer?

2 Inwieweit hilft sie Ihnen, Ihre eigene Absicht hinsichtlich dieses Studienkurses zu formulieren oder zu klären?

Spirituelle Übung

Im Geiste von Euagrios lade ich Sie ein, sich in Ihre »Zelle« zu setzen, Ihre Gedanken zu sammeln und des Tages Ihres Todes zu gedenken. Das ist keine einfache Aufgabenstellung! Gehen Sie dabei behutsam mit sich um. Beginnen Sie, indem Sie sich bequem auf einen Stuhl oder einen Gebetshocker setzen, Ihren Körper entspannen und sich sanft Ihrer selbst gewahr werden. Wenn sie bereit dafür sind, erlauben Sie sich, einfach die Gefühle wahrzunehmen, die in Ihnen aufsteigen, wenn Sie in der Präsenz Ihres fragilen und gleichzeitig irgendwie außerordentlich robusten Seins sitzen. Was zeigt sich Ihnen? Fühlt sich der Tod fremdartig an? Beängstigend? Was verursacht bei Ihnen die größte Traurigkeit oder das größte Bedauern? Ist da auch eine Spur von Ruhe oder sogar ein Anzeichen des Wohlbefindens? Lassen Sie die Gefühle einfach, wie sie sind. Versuchen Sie nicht, sich selbst zu »korrigieren« oder sich »zurechtzustutzen«. Nehmen Sie einfach wahr.

4. Ursula K. Le Guin (1929–2018) war eine mehrfach ausgezeichnete US-amerikanische Schriftstellerin und Verfasserin von phantastischer Literatur, Science-Fiction und politischer Utopien [Anmerkung der Übersetzer].

Setzen Sie sich eine Zeit für die Dauer dieser Übung – jedoch nicht länger als fünfzehn Minuten, und kürzer, wenn Sie sich dadurch beunruhigt fühlen. Lassen Sie am Ende alles Denken und Fühlen los (wie Sie es auch beim Gebet der Sammlung[5] oder einer anderen Meditationsübung tun) und ruhen Sie einfach in Ihrer Atmung.

Ladislaus Boros (1927–1981)

5. Siehe Fußnote 15.

Lektion 2

Die verborgene Blume

Bestimmt kennen Sie diese etwas ärgerlichen Punktematrix-Bilder: Beim ersten Blick auf das Papier oder den Bildschirm scheint da nichts weiter zu sein als eine zufällige Anordnung von Punkten oder kreisenden Mustern. Doch plötzlich verändert sich etwas in unserem Gehirn und *voilà* – aus dem Punktewirbel kommt auf wundersame Weise eine Blume zum Vorschein.

Eine ähnlicher »Schalter im Gehirn« wird umgelegt, wenn wir uns mit Ladislaus Boros' bemerkenswerter mystischer Offenbarung zu beschäftigen beginnen. In der üblichen Sichtweise zeigt sich uns der Tod lediglich als solch ein kreisendes Punktematrix-Bild, das alles unter einer undurchschaubaren Oberfläche versteckt oder in ein Durcheinander zufälliger Elemente zurückbefördert – Asche zu Asche, Staub zu Staub. Wenn ich sterbe und vom Dasein ins Nichtdasein übergehe, scheint sich all das, was einst »ich« war, in diesem Wirbel zu zersetzen. Es sieht aus wie das Ende des persönlichen Bewusstseins, das Ende der Bewegungsfreiheit, das Ende der menschlichen Verbundenheit. Die Bildfläche wird einfach grau. Wo also ist in diesem Bild die Blume?

Ich gehe nicht davon aus, dass Ladislaus Boros an jenem einschneidenden Tag Ende des Jahres 1959 oder Anfang 1960 auf der Spurensuche nach dieser Blume war. Zu diesem Zeitpunkt war seine Beziehung zum Tod noch rein akademisch, geprägt von der klassischen katholischen Scholastik und der berauschenden mystischen Theologie seines Mentors Karl Rahner. Aber auch Teilhard de Chardin wirkte bereits in ihm, und dessen wesentlich sinnlichere Vorstellung von einem »göttlichen Bereich«, einem von der Präsenz Christi subtil durchdrungenen Kosmos, begann mit Boros' Wahrnehmungsfeld zu spielen. An jenem schicksalhaften Tag trafen in ihm diese beiden Lehrströme aufeinander, und die Blume kam zum Vorschein.

Wir können dieser Blume viele Namen geben: der »innere Mensch« (wie Paulus dazu sagt), der »innere Körper«, der »spirituelle Körper«, die »innerste Essenz« oder der »Wesenskern«. Boros selbst nannte sie schlicht und einfach die »Person«. Sie *zu erkennen,* nur darum geht es. Boros erkannte sie, und seine Welt veränderte sich für immer. In jenem Augenblick verstand er, dass dieser innerste Kern seiner selbst unvergänglich real ist, ihm jetzt als vitalisierende Kraft zur Verfügung steht und der Tod ihn nicht etwa zerstören, sondern ihn vielmehr seiner endgültigen Vollendung *überantworten* wird.

Die Vision floss aus ihm hervor in Worten, deren Feuer noch heute leuchtet:

> Im Tode stellt sich das Dasein an die Grenze allen Seins, plötzlich erwacht, wissend und befreit. Der verborgene Dynamismus des Daseins, aus dem heraus der Mensch bis dahin lebte, ohne aber daraus je zu einem ganzheitlichen Einsatz zu kommen, wird jetzt bewusst und frei nachvollzogen. Es strömt dem Menschen sein tiefstes Sein entgegen. Darin kommt, in eins gefasst, das Weltall auf ihn zu, das er schon immer verborgen in sich trug, mit dem er schon immer zutiefst vereint war, das irgendwie schon immer aus ihm entstand. [...] Als ein grenzenloser Strom der Dinge, der Bedeutungen, der Personen und der Geschehnisse strömt ihm das Sein entgegen und will ihn in die Gottheit hineinreißen. Darin greift Gott selbst nach ihm. Gott, Der immer schon in jeder Regung seines Daseins als sein tiefstes Geheimnis bei ihm war, aus Dem heraus er immer schon sich selbst geschaffen hat.[6]

6. *Mysterium mortis,* Seite 50.

Und seine direkt daraus folgende These lautet: »Der Tod ist der erste vollpersonale Akt des Menschen und somit der seinsmäßig bevorzugte Ort des Bewusstwerdens, der Freiheit, der Gottbegegnung und der Entscheidung über das ewige Schicksal.«[7]

Hier haben wir es tatsächlich mit einem radikalen Perspektivwechsel zu tun, mit einer kompletten Umkehrung unserer gewohnten Auffassung vom Tod. Vielleicht fühlen Sie sich durch seine Kühnheit etwas abgeschreckt. In unserer skeptischen und spirituell verhaltenen Zeit ist es wahrscheinlich lange her, seit Sie jemandem begegnet sind, der derart viel riskiert hat, wie es Boros hier tut. Doch wenn Sie sich der noch immer nachhallenden Kraft seiner Erkenntnis aussetzen und sich einfach davon überwältigen lassen, lautet die hilfreichste Reaktion darauf wahrscheinlich nicht: »Ist das wahr?«, sondern: »Wie würden sich die Dinge in meinem Leben genau jetzt verändern, wenn ich sehen könnte, was er sah?«

Wenn wir in den nächsten vier Wochen tiefer in diese imaginative Möglichkeit eintauchen,[8] wird Boros einige der fehlenden Puzzlestücke einfügen. Wir werden erfahren, was uns erwartet – und wie wir uns dafür wappnen können –, wenn

7. Ebenda, Seite 121.

8. Das »Imaginative« beziehungsweise das »Reich des Imaginativen« hat eine zentrale Bedeutung in der Lehre von Cynthia Bourgeault. Umfassend und detailliert geht sie darauf ein in ihrem Buch *Das Auge des Herzens: Eine spirituelle Reise ins Reich des Imaginativen,* Xanten: Chalice Verlag, 2021. »In der islamischen Mystik steht das Äquivalent des Begriffs ›imaginativ‹ für ein feines und fluides ›Zwischenreich‹, das sich zwischen der Form und der Formlosigkeit befindet. Doch die Vorstellung – oder vielmehr der Archetyp – an sich ist eine tragende Säule der westlichen Tradition der *sophia perennis* oder der ›immerwährenden Weisheit‹, deren Wurzeln bis zu Platon zurückreichen. [...] ›Imaginativ‹ heißt es, weil es für das physische Auge zwar unsichtbar, mit dem Auge des Herzens aber dennoch wahrnehmbar ist, was der Begriff der Imagination zum Beispiel im islamischen Kontext ursprünglich auch tatsächlich impliziert: direkte Wahrnehmung durch das Auge des Herzens, nicht durch intellektuelle Reflexion oder Fantasie« (Seiten 27–28) [A.d.Ü.].

wir uns für diese bedeutend größere Aussicht öffnen können, die er vor uns ausbreitet. Letztendlich müssen wir es mit eigenen Augen sehen, sonst bleibt nichts davon hängen. Zumindest aber wird er uns eine wesentlich hoffnungsvollere Straßenkarte in die Hand gegeben haben.

Ich möchte nochmals explizit klarstellen, dass die Blume aus meiner Sicht wirklich existiert und wir es weder mit einer bloßen Spekulation noch mit einem neuen Aufguss der traditionellen Kirchenlehren über die Seele zu tun haben. Es ist etwas viel Mächtigeres als das – mächtiger vielleicht, als selbst Boros es erahnte, obwohl er definitiv der imaginativen Wirklichkeit auf der Spur war.

»Du musst das in dir finden, das bereits jenseits des Todes lebt, und jetzt beginnen, aus dem heraus zu leben«, sagte mir mein klösterlicher Lehrer Bruder Rafe ein paar Monate vor seinem eigenen Tod[9] und hinterließ mir damit etwas, wovon ich damals nicht ahnte, dass es für die nächsten dreißig Jahre meine Marschrichtung bestimmen sollte. Für ihn war dieser »innere Körper« vollkommen real – ein Körper, den man riechen und schmecken konnte und der immer der unerwartete, verborgene Akteur in unserem Austausch miteinander und zwischen den sichtbaren und den unsichtbaren Reichen ist. Gebündelt in unserer Außenhaut existiert eine subtile innere Lebendigkeit, die in der Tat die *gegenwärtige* Saat unseres ewigen Selbsts ist. In unserer Zeit auf diesem Planeten ist es so eng in den physischen Körper eingefügt, dass wir es nicht richtig bemerken. Wenn der Tod die Tarnung aufhebt, geht es in der »dünneren« Atmosphäre der subtilen Wirklichkeit auf. Wenn es im Laufe dieses Lebens gelernt hat, seine eigene

9. Bruder Rapahel »Rafe« Robin (gestorben 1995) war ein Einsiedlermönch im Benediktinerkloster Snowmass, Colorado. Über ihre tiefgehende Beziehung mit ihm und vor allem über das Thema »Tod, Seele und Partnerschaft« berichtet die Autorin ausführlich in: CYNTHIA BOURGEAULT: *Stärker als der Tod ist die Liebe: Die mystische Vereinigung zweier Seelen,* Xanten: Chalice Verlag, 2021 [A.d.Ü.].

innere Form zu bewahren, wird es sich einfach weiterbewegen. Der Tod stellt keine dauerhafte Unterbrechung für die Identität dar.

Alles hier und jetzt hängt vom Umlegen dieses »Schalters« ab. Wenn Sie diese Blume einmal erkannt haben – und sei es auch nur für einen kurzen Augenblick–, werden Sie sie nie wieder *nicht* sehen. Und mit der Zeit werden Sie sie sogar riechen und schmecken können und dabei über Ihre eigene Süße erstaunt sein.

Fragen zur Reflexion

1 Nehmen Sie sich Zeit für Boros' kraftvolle Offenbarung und arbeiten Sie mit ihr im Stil der *lectio Divina.* Damit meine ich: (a) Lesen Sie die auf Seite 19 zitierte Passage mehrere Male langsam durch, wenn möglich mindestens einmal laut. (b) Lassen Sie sich zu einem Bild, einer Vorstellung, einem Satz oder auch zu nur einem einzelnen Wort hinziehen, das Sie daraus besonders anspricht. (c) Arbeiten Sie mit diesem Anknüpfungspunkt, solange er für Sie noch Energie birgt, und gehen Sie ihm auf dem Grund mit der Methode, die Ihnen am besten passt: durch intellektuelle Reflexion, freie Assoziation, persönliche Erinnerungen, Tagebucheintragungen, Zeichnen. Inwiefern werden Ihre tiefsten Intuitionen von ihm am stärksten herausgefordert oder bestätigt?

2 Mystiker sprechen gern in Paradoxen, und Boros bildet diesbezüglich keine Ausnahme. Wie viel Paradoxes entdecken Sie in seiner Textstelle – Aussagen, die genau das Gegenteil von dem zu sagen scheinen, was Sie erwarten, oder die unserem üblichen Gefühl von Vernunft geradezu widersprechen?

3 Was meint Boros Ihrer Meinung nach mit seiner Aussage: »Der Tod ist der erste vollpersonale Akt des Menschen«? Was ist ein »vollpersonaler Akt«? Wie unterscheidet sich dieser von den Handlungen, die wir im alltäglichen Leben ausführen? Halten sie Ihre ersten Eindrücke dieser Lehre schriftlich fest; vielleicht wollen Sie im späteren Verlauf dieses Studienkurses noch einmal darauf zurückkommen.

4 Haben Sie selbst oder hat jemand, den Sie gut kennen, jemals eine Nahtoderfahrung gehabt? Wenn ja, inwiefern hat sich das auf Ihre Beziehung zum Tod ausgewirkt? Stimmt die Vision von Boros mit Ihrer eigenen Erfahrung überein? Auf welche Weise?

Spirituelle Übung

Im Laufe dieses ganzen Kurses werden wir tief in das klassische Repertoire der Übungen der Hingabe oder des »Loslassens« eintauchen, die in allen heiligen Traditionen der Welt praktiziert werden. Insbesondere das Gebet der Sammlung und seine das Alltagsleben begleitenden Übungen werden Gegenstand unserer Arbeit sein; sie führen uns direkt in die praktische Essenz der Lehre von Ladislaus Boros.

Hingabe geschieht allerdings nicht im Kopf. Wenn wir versuchen, sie dort zu erlangen, gleicht sie einem Kapitulieren, einem »Einlenken« oder einem spirituellen Umgehen. Hingabe muss mit unserem ganzen Körper vollzogen werden, im Bereich der *innerlichen Haltung* und nicht als mentales Konstrukt. Der Körper wird uns lehren, diese Geste als innerlich befreiend und geräumig zu erkennen, nicht als zwingend oder einschnürend.

In diesem Sinne lade ich Sie ein, heute mit einigen dieser gänzlich »verkörperten« Grundhaltungen zu arbeiten. Nehmen Sie zunächst eine »stramme« Haltung ein, so, als würden Sie sich mit aller Kraft gegen etwas wehren. Ballen Sie Ihre Fäuste und pressen Sie Ihre Kiefer zusammen, versteifen Sie

Ihren Rücken. Halten Sie die Position für etwa fünf Sekunden und *spüren* Sie ihr wirklich nach... Dann entspannen Sie sich. Öffnen Sie Ihre Fäuste, lassen Sie Ihre Schultern fallen, lockern Sie Ihre Kiefer. *Spüren* Sie auch diese Geste wirklich in Ihrem Körper. Üben Sie dieses Sich-anspannen-und-wieder-Loslassen mehrmals täglich. Ergründen Sie, wie sich Ihr Körper bei jeder dieser Haltungen anfühlt. Welche fühlt sich innerlich angenehmer an?

Lektion 3

Der Moment der Entscheidung

Boros' Vision umfasst noch eine weitere Seite. Ich möchte nun den entscheidenden Teil aufgreifen, den ich in der letzten Lektion bewusst übersprungen habe.

Im Augenblick des Todes geschieht gemäß Boros Folgendes:

> Als ein grenzenloser Strom der Dinge, der Bedeutungen, der Personen und der Geschehnisse strömt dem Menschen das Sein entgegen und will ihn in die Gottheit hineinreißen. Darin greift Gott selbst nach ihm. Gott, Der immer schon in jeder Regung seines Daseins als sein tiefstes Geheimnis bei ihm war [...]. Da steht er jetzt, frei, diese Herrlichkeit auf sich zu nehmen oder abzulehnen. Entweder lässt er in einer letzten Entscheidung diesen Strom der Wirklichkeiten an sich vorbeifließen und dann wird er ewig in sich selbst versteinert dastehen, wie ein Felsen, an dem der lebenstragende Fluss vorbeiflutet, zwar herrlich in sich selbst, aber verlassen und für ewig einsam. Oder er lässt sich von diesem Strom mittragen und wird so selber Strom und fließt in die ewige Vollendung hinein.[10]

Ganz gewiss ein weiteres Paradoxon! In der traditionellen christlichen Theologie ist der Tod zwar eng mit einem endgültigen Gericht verknüpft, allerdings ist es immer *Gott,* Der das Urteil fällt. Demnach werden unsere guten und bösen Taten gegeneinander abgewogen, es ergeht das Urteil und wir

10. *Mysterium mortis,* Seite 50.

sehen uns dementsprechend entweder der ewigen Glückseligkeit oder der ewigen Verdammnis überantwortet. Welche Macht diese unerfreuliche Doktrin als »Verhaltenskorrektiv« noch immer haben mag, es handelt sich um eine gruselige und monströse Verzerrung, die viele Menschen von Gott entfremdet und unsere Angst vor dem Tod verstärkt hat.

Nach Boros' befreiender Auffassung gehört das Richten zwar immer noch dazu, allerdings sind *wir* es, die das Urteil fällen, nicht Gott.[11] Die Einladung zum ewigen Leben steht allen bedingungslos offen. Es ist unsere Entscheidung, sie anzunehmen oder abzulehnen.

Nun fragen Sie sich bestimmt: Was sollte denn einen Menschen überhaupt dazu veranlassen, diese Einladung abzulehnen? Das Ganze klingt doch nach einer sicheren Sache. Und gewiss wäre es das auch, gäbe es da nicht dieses eine Haar in der Suppe: Man muss bereit sein, dem Unbekannten zu vertrauen.

Mein Kollege Richard Rohr ist bekannt für seine weisen Aphorismen, und einer meiner absoluten Favoriten lautet: »So, wie du irgendwo bist, bist du überall.« Er spricht hier davon, dass unsere situativen Reaktionen durch gleichbleibende Wiederholung über einen langen Zeitraum in uns eingeprägt werden und dann für gewöhnlich diesem Muster entsprechend ausfallen. Vielleicht glauben wir, dass wir in einer für uns wirklich wichtigen Situation unser bestes Benehmen an den Tag legen, tatsächlich aber blitzen unsere tief eingeprägten psychologischen Gewohnheiten durch die Ritzen unseres »besten Benehmens« hervor, und wenn es hart auf

11. Boros versteht das *Gericht* nicht als ein Urteil, sondern als eine Neuaus*richtung*, als ein Sich-Auf*richten:* »Gericht ist demnach im Grunde *Selbstgericht.* [Es besagt] zunächst, dass wir in unserem Leben noch nicht richtig stehen, dass wir die Sphäre der Eigentlichkeit noch nicht betreten können. Aber auch, dass es uns möglich ist, sie zu betreten. Unser Sein ist gebrochen. Das ist wahr. Es muss auf*gerichtet* werden, hinein in den Himmel, hinein in eine nie endende Vollendung« (Ladislaus Boros: *Im Menschen Gott begegnen,* Gesamtausgabe, Band 2, Seite 311) [A.d.Ü.].

hart kommt, übernehmen die Muster das Kommando. Wenn Sie Ihr ganzes Leben in einer inneren Haltung des Misstrauens und des Selbstschutzes gelebt haben, ist nicht davon auszugehen, dass Sie auf eine andere Art und Weise reagieren werden, wenn Sie sich diesem gewaltigen Unbekannten Gottes gegenübergestellt sehen und der überwältigende Strom von Eindrücken über Sie hinwegflutet. Sie werden sich zusammenziehen und sich sträuben. Höchstwahrscheinlich werden Sie in diesem Moment der Endentscheidung genau so sein, wie Sie es in irgendeinem anderen Moment Ihres Lebens waren.

Die gute Nachricht lautet: Das Leben selbst bietet uns die Möglichkeit, unser Muster neu zu prägen. Und die Lernkurve dazu ist direkt ins System eingebaut.

Vor dem Hintergrund dieser Möglichkeit legt Boros in *Mysterium mortis* seine bedeutende Lehre dar. Sobald wir unter die Oberfläche des Lebens blicken, beginnen wir zu entdecken, wie hervorragend es eigentlich dazu eingerichtet ist, uns langsam die Haltung einzuprägen, uns auf angemessene Art und Weise dem Unbekannten zu ergeben. Unter der Daseinskurve des »äußeren Menschen«, so sagt Boros, die tatsächlich langsam, aber unerbittlich auf den Tod zusteuert, existiert auch eine »innere Kurve«, die uns durch eine Reihe unvermeidlicher Lebensübergänge führt: Geburt, Pubertät, Erwachsensein, Altern und Tod. Jeder dieser Übergänge stürzt uns in eine Identitätskrise, die es uns ermöglicht, das anzunehmen, was uns zunächst als fremdartig und angsteinflößend entgegentritt, und es in unsere eigene wachsende »Person« zu integrieren. Wenn wir es bewusst und vertrauensvoll akzeptieren, bietet uns das Leben als solches das Trainingsgelände, auf dem unsere angesammelten kleineren »Jas« das Fundament legen für das endgültige »Ja«, welches uns im Moment unseres Todes abverlangt werden wird.[12] In der

12. In Boros' Worten: »Es gibt keinen anderen Maßstab, die Aufrichtigkeit unseres Wunsches nach Bekehrung zu messen, als die Bekehrung

nächsten Kurswoche werden wir uns diese Lehre genauer betrachten.

In der aktuellen Lektion hingegen ist Folgendes wichtig: Dieses allerletzte »Ja« ist nicht so einfach, wie es zunächst scheinen mag, und es ist alles andere als eine bombensichere Sache. Es erwächst aus einem lebenslangen Lernen, wie wir uns dem Unerwarteten neugierig und vertrauensvoll stellen können, wie wir uns ins Unbekannte hinein entspannen und unserem Körper vertrauen können, uns dorthin zu bringen, wohin unser Geist allein nicht gelangen kann. Im alltäglichen Praktizieren dieser Dinge, im langsamen und stetigen Einüben dieser Haltung, wachsen wir unserem Tod *entgegen* – und wenn er schließlich eintrifft, wird er nicht als ein Fremder kommen, weil wir das Geheimnis bereits kennengelernt haben werden, das uns alle Dinge vertraut macht.

Fragen zur Reflexion

1 Achten Sie beim Nachdenken über Boros' beeindruckende Lehre darauf, was genau sie in Ihnen hervorruft. Was geschieht, wenn sich das Spielfeld verändert von »Gott urteilt« zu *»ich entscheide«*? Oder ist Ihnen die ganze Vorstellung einer »Endentscheidung« grundsätzlich unangenehm? Falls dem so ist, können Sie den Grund dafür benennen?

2 Was meint Boros damit, wenn er sagt, dass Gott immer schon in jeder Regung Ihres Daseins als Ihr tiefstes

selbst, in diesem Moment. Was wir in der Zukunft sein möchten, müssen wir in der Gegenwart anfangen. Wir müssen uns durch die vielen kleinen Einzelentscheidungen unseres Lebens auf die große, letzte Entscheidung im Tod vorbereiten. Das Leben ist ›Einübung in das Gericht‹. Wir müssen uns bekehren, und zwar *gleich,* wenn wir aufrichtig die Bekehrung im Tode wünschen.« Aus Ladislaus Boros: *Erlöstes Dasein: Theologische Betrachtungen,* Gesamtausgabe, Band 3, Seite 279 [A.d.Ü.].

Geheimnis bei Ihnen war? Können Sie dies in sich selbst erleben? Genau jetzt? Wie fühlt es sich an?

3 Thomas Keating hat einmal gewitzelt: »Wir alle werden dem Tod ins Auge blicken; wenn du Kontemplation übst, fängst du damit einfach schon ein paar Jahrzehnte früher an.« Inwiefern bedeutet kontemplative Praxis, dem Tod zu begegnen? Worin besteht hier die Gemeinsamkeit?

Spirituelle Übung

Wir wollen fortfahren, die Haltung des Sich-anspannen-und-wieder-Loslassens zu erkunden, fügen nun allerdings eine neue Herausforderung hinzu. Wann immer Sie im Laufe des Tages bemerken, dass Sie sich in einer Situation der emotionalen Verkrampfung, des Sich-Sträubens oder des Eingeschnürtseins befinden – sei es im Streit mit einem Arbeitskollegen, beim Verpassen eines Termins, beim Erhalt einer beunruhigenden Nachricht und so weiter –, pressen Sie Ihre Hände ganz fest zusammen (wie wir es in der letzten Lektion geübt haben), halten Sie die Position für ein paar Sekunden und lassen Sie sie dann bewusst los, indem Sie Ihre Hände in eine offene, sanfte, mit den Handflächen nach oben gerichtete Position bringen. Halten Sie auch diese Position einige Sekunden lang und lassen Sie sie dann los. Achten Sie darauf, was mit Ihrem emotionalen Gesamtzustand dabei passiert. Verändert sich auch *innerlich* etwas? Üben Sie dies auch, wann immer sich während des Wochenendes eine Gelegenheit dazu ergibt, so oft wie möglich. Welche Beobachtungen machen Sie über die Beziehung zwischen körperlicher und emotionaler Haltung? Wir wissen, dass emotionaler Stress zur Anspannung des Körpers führt, aber ist das eine Einbahnstraße? Oder lässt sich durch das Lösen der körperlichen Anspannung auch der emotionale Stress reduzieren?

Lektion 4

Die vier Zustimmungen

Wenn Sie Thomas Keating mögen, kennen Sie wahrscheinlich seine charakteristische Lehre über »die vier Zustimmungen«. Was Sie aber wahrscheinlich nicht wissen, ist, dass er diese Lehre von Ladislaus Boros erhalten hat (und zwar indirekt, über den zeitgenössischen jesuitischen Theologen John S. Dunne). Boros widmet deren Darlegung viel Zeit, denn sie bildet den Rahmen seines grundlegenden Verständnisses sowohl der Herausforderung als auch der Chance, die in unserer Akzeptanz der Entscheidung liegen, unserem Tod entgegenzuwachsen.

Tatsächlich lässt sich diese Lehre sogar noch weiter als bis Boros zurückverfolgen. Die ursprüngliche Idee stammt von Romano Guardini, einem legendären Theologen aus der Mitte des zwanzigsten Jahrhunderts und einem von Boros' spirituellen Mentoren. Der Grundgedanke seines Konzepts besagt, dass wir, während wir uns entlang der horizontalen Zeitachse unseres Lebens bewegen, auf vorhersehbare Übergänge stoßen. Wenn wir uns bewusst auf sie einlassen, bilden sie im Prinzip ein ideales Trainingsgelände, um die edle Kunst des spirituellen Zustimmens zu meistern. Anfänglich nehmen wir jeden dieser Übergänge unseres Lebens als eine Krise wahr, als Hereinbrechen eines wuchtigen und befremdlichen »Anderen«, das die Wurzeln unseres Seins bedroht. Indem wir uns jedoch nach und nach darauf einstellen, erlangen wir zwei mächtige spirituelle Gaben: einen Quantensprung in unserer bewussten Personwerdung und eine Vertiefung unseres Vermögens, der Entfaltung zu vertrauen.

Guardini unterscheidet in seinem ursprünglichen Konzept fünf solcher »Krisenzeiten«: Geburt, Reifung (oder Pubertät),

Erfahrung, Grenze (oder Klimakterium) und Auflösung. Mit »Erfahrung« sind die Jahrzehnte des aktiven Erwachsenenalters gemeint, in denen wir uns sowohl Handlungsvollmacht als auch Verantwortung aneignen und lernen müssen, beidem mit Integrität nachzukommen. Die Krise der »Grenze« steht für das mittlere Alter, in welchem wir uns des allmählichen Schwindens unserer Lebenskraft bewusstwerden. »Auflösung« beginnt mit dem aktiven Einsetzen des körperlichen Verfalls und endet mit dem physischen Tod.

Warum wird in diesem Zusammenhang von »Krisen« gesprochen? Weil sie – wie es alle Krisen tun – die bestehende Ordnung der Dinge aus dem Gleichgewicht bringen und sowohl Gefahren als auch Chancen entfesseln können. In solchen Zeiten erhöhter psychischer Aktivität kommt es zu unangenehmen Konfrontationen zwischen unserer Innenwelt und unserer Außenwelt und wir müssen entscheiden, wie wir reagieren wollen. Jeder neue Übergang zwingt uns in dieselbe unkomfortable Situation, in der wir wählen müssen: Wir können entweder verbissen an unserem wohlbekannten Selbstgefühl festhalten oder aber die neue Einladung akzeptieren. Im letzteren Fall soll »der innere Mensch«, in Boros' Worten, »die Weisen seines Empfindens, der Einsicht und des Verhaltens zur Welt neu gestalten, sich von einer überlebten Existenzweise lösen, das Wertvolle aus der alten Lebensphase in die neue hinüberretten und es dadurch vergeistigen.«[13]

Die wenigsten von uns meistern diese Übergänge würdevoll oder mühelos. Anfangs neigen wir dazu, uns dem Neuen zu widersetzen, es zu leugnen und uns krampfhaft auf die Bollwerke der vertrauten Welt abzustützen, die indes bereits begonnen haben, unter uns zu zerbröseln. Letztendlich nimmt das Leben jedoch seinen Lauf und wir geben entweder aus eigenem Antrieb unsere Zustimmung oder werden in eine immer groteskere und schmerzlichere Verweigerung ge-

13. *Mysterium mortis,* Seite 95.

zwungen. Die Krise endet, wenn wir nach und nach die neuen Verhältnisse anerkennen und sie in das größere Bild unseres Lebens zu integrieren beginnen. Dann tritt, was wir ursprünglich als bedrohlich und fremdartig wahrgenommen haben, in uns ein und wird Teil unserer heiligen Menschlichkeit.

Es erfordert Mut, sich dafür zu entscheiden, auf diese Art proaktiv mit seinem Leben zu arbeiten. Viel leichter ist es, sich auf der »äußeren Daseinskurve« dahintreiben zu lassen und sich von einer Sache zur nächsten zu bewegen, bis die Sanduhr letzten Endes abläuft. Doch wir können auch die »seltener eingeschlagene Straße« wählen. Wenn wir der Herausforderung gewachsen sind, können wir uns dafür entscheiden, das Rohmaterial unseres äußeren Lebens zu nutzen, um eine tiefgreifende und todesresistente innere Metamorphose zu beschleunigen. »Diese Menschen haben die ganze Energie des Lebens in Person umgewandelt«, wie Boros es so fesselnd ausdrückt.[14] In den nächsten beiden Lektionen werden wir erforschen, was er mit dieser bedeutungsvollen Aufforderung meint.

Fragen zur Reflexion

1 Haben Sie jemals über Geburt als eine »Krise« nachgedacht? Inwiefern kann dies zutreffen? Wie könnten, aus der Perspektive eines Fötus betrachtet, Geburt und Tod gleich aussehen?

2 Nehmen Sie sich Zeit, um über die Übergänge nachzudenken, die Sie in Ihrem Leben bisher durchgemacht haben. Welche stellten die größten Herausforderungen für Sie dar? Denken Sie, dass wir die jeweiligen Lebensphasen sauber vollenden, oder eher, dass wir ungelöste Dinge mit in die nächste Etappe hinübernehmen?

14. Ebenda, Seite 97.

3 Was hat Ihnen bisher am meisten dabei geholfen, in Ihre neue Lebensphase hineinzukommen? Eine spirituelle Praxis? Ein verlässlicher Partner oder vertrauenswürdige Freunde? Religiöser Glaube? Anfängerglück?

Spirituelle Übung

Diese Woche werden wir mit dem Gebet der Sammlung arbeiten.[15] Auch wenn Sie normalerweise eine andere Meditationsform praktizieren, lade ich Sie dazu ein, in den kommenden Tagen das Gebet der Sammlung auszuprobieren, da dessen konzentrierte Praxis des »Loslassens« (oder der »Zustimmung zur Gegenwart und zum Handeln Gottes«, wie sie im Gebet der Sammlung genannt wird) meines Wissens die beste begleitende Meditationsergänzung zu Boros' spiritueller Lehre über die Zustimmung ist, mit der wir uns diese Woche beschäftigen.

In der letztwöchigen spirituellen Übung ging es um die *äußeren* Haltungen des Zusammenpressens und Loslassens. Beim Gebet der Sammlung handelt es sich im Wesentlichen um dieselbe Übung des Loslassens, jetzt allerdings innerlich praktiziert, nicht äußerlich.

Wie alle Meditationsformen, lehrt uns auch das Gebet der Sammlung, wie wir uns aus dem ständigen Wirbel assoziativen Denkens befreien können, der unseren gewohnheitsgemäßen Bewusstseinszustand beherrscht. Doch lehrt es dies auf außergewöhnliche Weise. Das Gebet der Sammlung gibt uns keinen »Ersatz«gegenstand, auf den wir unsere Aufmerksamkeit richten könnten (wie beispielsweise, dem Atem zu folgen oder ein Mantra zu rezitieren), sondern es zeigt, wie wir uns von einem Gedanken lösen können, sobald wir mer-

15. Siehe dazu CYNTHIA BOURGEAULT: *Das Herz im Gebet der Sammlung: Non-duales Christsein in Theorie und Praxis,* Xanten: Chalice Verlag, 2021.

ken, dass er uns gefangen nimmt. Im Gebet der Sammlung wird »Gedanke« definiert als *alles, was irgendwie unsere Aufmerksamkeit bindet.* Mithilfe dieses einfachen, inneren Gegenstücks zu jener Haltung, die wir letzte Woche äußerlich praktiziert haben, entspannen und befreien wir uns innerlich – und lassen diesen Punkt der Aufmerksamkeit los.

Manchmal kommt ein »heiliges Wort« zum Einsatz, um dieses Loslassen zu vereinfachen, allerdings wird dieses Wort nie zum neuen Sammelpunkt der Konzentration; es hilft uns lediglich dabei, uns an das »Loslassen« zu erinnern. In der nächsten Übungseinheit werde ich Näheres dazu erklären.

Bedenken Sie, dass es hier nicht darum geht, den Gedanken »zu beseitigen«, Ihren Verstand zu beruhigen oder sich mit der Gegenwart Gottes auszufüllen. Ziel ist es einfach, diese Haltung des Freilassens zu praktizieren – als *reines Geschenk* und im Vertrauen darauf, dass es irgendwie auf dem richtigen Weg ist. Das Bemerkenswerteste am Gebet der Sammlung ist, dass Sie innerhalb kürzester Zeit innerlich die Erfahrung machen, dass dem tatsächlich so ist. In dieser Meditation findet ein echter Austausch statt, und zwar auf einer weitaus tieferliegenden Ebene als die der Gedanken, der Ideen und sogar der Emotionen. Und es hinterlässt etwas in Ihrem Sein, das real ist – es baut sich schrittweise auf und geht einher mit einem sich vertiefenden äußeren Vertrauen in die Entfaltung.

Wenn Sie Zeit dafür finden können, praktizieren Sie das Gebet der Sammlung zweimal täglich zwanzig Minuten. Falls dies nicht möglich ist, versuchen Sie es mit mindestens einem Mal. Die meisten Menschen bevorzugen den frühen Morgen für diese Meditation.

Und wie bereits gesagt: In den nächsten Lektionen werde ich noch detaillierter auf diese Meditationsform eingehen.

Lektion 5

Die zwei Daseinskurven

Äußerlich betrachtet mag unser Leben wie eine ausgedehnte Wanderung entlang der horizontalen Achse erscheinen; in Wirklichkeit aber, so Boros, entfaltet es sich gleichzeitig entlang einer zweiten Achse und damit also innerhalb der dialektischen Spannung dessen, was er »die zweifache Lebenskurve« nennt. Egal, wo wir uns auf unserer Reise durch das Leben befinden, wir sind immer irgendwo auf einem Raster, das durch zwei einander entgegengesetzte Daseinskurven bestimmt ist: einer unumkehrbar abfallenden und einer nach und nach aufsteigenden.

Die erste Kurve steht vollständig unter dem Einfluss der Entropie; sie fällt langsam, aber unaufhaltsam. Zu Beginn des Lebens entfalten wir uns explosionsartig aus dem Mutterleib heraus, ein winziges, dichtes Knäuel aus zusammengewickelter Energie und Potenzial. Im Laufe der Jahre festigt sich die Energie, mäßigt sich und nimmt dann ab, anfänglich langsam und schließlich steil abfallend. Diese erste Kurve begründet also unsere üblichen Vorstellungen über das Altern und den Tod. Wie der Dichter Thomas Gray bekanntermaßen beklagte: »Die Wege des Ruhms führen nicht weiter als bis zum Grab.«[16]

Doch in uns ist noch eine zweite Kurve »aufgerollt«, und wenn wir ihr Beachtung schenken, eröffnet sie uns einen ganz anderen Lebensverlauf. »Der Energievorrat des ›äußeren Menschen‹ muss also nicht nutzlos verschwinden«, versichert Boros mit Nachdruck: »Er kann in andere Energie umgewandelt werden, die ihrerseits eine *entgegengesetzte Daseinskurve*

16. Thomas Gray: *Elegy Written in a Country Churchyard,* Columbus, OH: C.E. Merrill, 1968, Seite 114.

beschreiben mag.«[17] Diese zweite Kurve ist *der Weg des inneren Aufstiegs.* Dieser führt zur Erschaffung des wahren, »inneren Menschen« (in Boros' Terminologie der »alten Schule«) »das heißt des Menschen der Sinnfülle, der Leuchtkraft, der Weisheit, der Lebensechtheit, der transzendenten Durchsichtigkeit, der Weite des Herzens, der abgeklärten Duldung und damit der ganzheitlichen Lebenserfahrung.«[18]

Dies ist die heilige Alchimie, auf die sich Boros bezieht, wenn er sagt: »Diese Menschen haben die ganze Energie des Lebens in Person umgewandelt.«[19] Die nachlassenden vitalen Kräfte wurden in etwas verwandelt, das von wesentlich subtilerer und dauerhafterer spiritueller Substanz ist.

Entlang dieser zweiten, aufsteigenden Daseinskurve erfüllen wir drei wichtige innere Aufgaben, die für unsere endgültige Begegnung mit dem Tod alle verwirklicht sein müssen:[20]

Erstens: *Erschaffung eines selbstständigen Seinszentrums.* Boros meint damit, dass sich dem Menschen eine Möglichkeit hin zu »vollendeterem Personsein« eröffnet, zu einem »Ich« oder einem »selbstständigen Zentrum innerhalb des Daseins«, das in »freiheitlicher Selbstsetzung« seine Gestalt bewahren, seinen eigenen Kurs bestimmen, sein eigenes Dasein reflektieren und auf die sich ständig ändernden Anforderungen des Lebens zu antworten vermag, anstatt nur darauf zu reagieren.

Zweitens: *Erweiterung des Daseinsraumes.* In der ersten Lebenshälfte »steht uns die Welt offen« und wir erforschen und erweitern unseren Aktionsraum in der physischen Welt. In der zweiten Lebenshälfte öffnet sich uns nun die innere Welt, indem wir unsere Fähigkeit vertiefen, die »spirituellen« Welten zu reflektieren, zu integrieren und uns imaginativ in diese Welten hineinwagen, die unserer direkten Wahrneh-

17. *Mysterium mortis,* Seite 95.
18. Ebenda, Seite 94.
19. Ebenda, Seite 97.
20. Vergleiche im Folgenden ebenda, Seiten 95–102.

mung aufgrund der Dichte unserer physischen Energie bisher verborgen waren. Wenn der »ganze leibliche Daseinsraum zusammenschrumpft«, dehnen sich die Grenzen des Weltbezugs.

Drittens: *Setzung der Freiheit.* Wenn sich dieses unabhängige *selbstständige Seinszentrum* festigt und verstärkt, finden wir uns immer weniger unserer biologischen und kulturellen Konditionierung unterworfen. Wir können uns über das Gesetz von Anziehung und Abneigung hinausbewegen und sind nun imstande, auf die »höheren« Gesetze des Gewissens, der Hingabe und der Vergebung spontan zu antworten. Wir lernen, dass wir nicht unser Körper, unsere Konditionierung oder unsere »Objektbeziehungen« sind, aus denen wir bestehen. Wer also sind wir dann? Wenn wir uns dieser Frage ernsthaft stellen, ist der nächste Schritt in der Entfaltung nicht weniger als ein Wunder: Wir erhalten keine »Antwort«, sondern eine direkte Kostprobe unserer unvergänglichen, feinstofflichen Essenz.

Obschon diese zweite, verborgenere Kurve die ganze Zeit über als Antrieb unserer persönlichen Evolution vorhanden war, drängt sie sich während des Klimakteriums mit besonderer Kraft in den Vordergrund, die aufsteigende und die abfallende Kurve kreuzen sich unumkehrbar und wir erhalten unsere letzte Chance, frei »zu entscheiden«, auf welchem Pferd wir ins Ziel reiten wollen. Diese zweite Kurve birgt in sich »die geistige Transparenz des verwirklichten Daseinssinnes«,[21] wie Boros es so wundervoll ausdrückt, sowie den Samen für unser ewiges Personsein, dem wahren Träger unseres bewussten Fortbestehens über den physischen Tod hinaus. Diese zweite Kurve unterliegt nicht dem Entropiegesetz und steigt daher, einmal in Gang gekommen, immer weiter an.

21. Ebenda, Seite 97.

Fragen zur Reflexion

1 In einer seiner kühnsten und verlockendsten Überlegungen spricht Ladislaus Boros davon, dass es in Tat und Wahrheit die »zehrende Kraft« des inneren Imperativs entlang dieser zweiten Daseinskurve sein könnte, die das Klimakterium in Bewegung setzt, und nicht umgekehrt. »Der ›innere Mensch‹, das heißt der Mensch der Seinsfülle, der Leuchtkraft, der Weisheit, der Lebensechtheit, der transzendenten Durchsichtigkeit und damit der ganzheitlichen Lebenserfahrung, in einem Wort der Mensch, der zum Interpreten des geistigen Sinnes werden kann, zehrt an der Kraft des ›äußeren Menschen‹«, schreibt er[22] – *nicht* der körperliche Verfall und auch *nicht* die Entropie, sondern die tiefergehende Einladung zur Integration unseres Lebens. Inwiefern würde sich etwas an Ihrem persönlichen Umgang mit dieser Lebensphase ändern, wenn Sie, wie Boros es hier darzulegen scheint, Ihr physisches Leben nicht *als ein kontinuierliches Schwinden des Energievorrats* betrachteten, sondern *als die Geburtswehen Ihres größeren bewussten Lebens?* Welche Entscheidungen über Ihren Lebensstil würden Sie anders treffen?

2 Sind Sie der Meinung, der Fortschritt entlang dieser zweiten Daseinskurve hänge von einem langsamen und stetigen Arbeiten in der Tretmühle der spirituellen Praxis ab? Oder könnte dies alles auch in einer Nanosekunde geschehen? Falls Sie letzterer Ansicht sind, kann dann durch das ständige Praktizieren überhaupt etwas »gewonnen« werden? Oder geht es bei der spirituellen Praxis gar nicht darum, etwas zu erzielen?

22. Ebenda, Seiten 94–95.

3 Das Modell von Boros scheint sich stark auf ein intaktes Gehirn abzustützen und auf eine Neurobiologie, die diese Schritte der bewussten Integration und Befreiung zu unterstützen vermag. Fast alle von uns haben aber auch Freunde und Angehörige, die mit Demenz oder Alzheimer zu kämpfen haben. Wie kann eine finale Integration gelingen, wenn das physische Gehirn eine solche offensichtlich nicht mehr bewältigen kann? Was sagt Ihnen Ihr Herz dazu?

Spirituelle Übung

Wir bleiben bei unserer Arbeit mit dem Gebet der Sammlung und gestatten es dem Akt des »Loslassens«, sich tiefer in uns einzuprägen. Ich möchte an dieser Stelle ein paar weitere Bemerkungen über den Einsatz des »heiligen Wortes« einflechten. Es ist wichtig zu beherzigen, dass das heilige Wort nicht mit einem Mantra zu verwechseln ist, weil wir es *erstens* nicht, wie bei einem Mantra üblich, unentwegt wiederholen und es *zweitens* keinen Gedanken durch sich selbst »ersetzt«. Weder ist unser heiliges Wort Gegenstand unserer Reflexion noch konzentrieren wir uns darauf oder beschäftigen uns in irgendeiner Art und Weise bewusst damit. Es übernimmt lediglich die Funktion eines Scheibenwischers, der die Windschutzscheibe klar hält, indem er die Regentropfen sanft vom Bildschirm unseres Bewusstseins wischt.

Und wie funktioniert dieser Vorgang eigentlich? In der Regel durch die willige Kooperation unseres Unterbewusstseins.

Das heilige Wort ist im Grunde genommen eine Gedächtnisstütze – ein kleiner »Gedächtnisstubs«, den wir uns mit Absicht selbst einprogrammieren, um uns ans unverzügliche Loslassen zu erinnern, sobald wir feststellen, dass sich unsere Aufmerksamkeit wieder einmal in einem Gedanken verstrickt hat. In der Sprache des Gebets der Sammlung wird es definiert als »ein Symbol unserer Absicht zur Zustimmung zur Gegenwart und zum Handeln Gottes«. Das heilige Wort »erledigt« praktisch das Aufpassen für uns. So müssen wir das Feld unseres Bewusstseins nicht dauernd kritisch überprüfen, um zu gewährleisten, dass keine Gedanken eindringen; in dem Moment, in dem wir merken, dass wir denken, steigt gleichzeitig das heilige Wort spontan aus unserem Unterbewusstsein empor.

Leute haben schon gefragt, ob auch ein »heiliger Anblick« oder ihr Atem die Funktion des heiligen Wortes übernehmen könne. Die Antwort lautet: ja, vorausgesetzt, das Bild oder der Atem kommen auf dieselbe Art und Weise zum Einsatz – das heißt: Wir konzentrieren uns nicht darauf, sondern verwenden es ausschließlich mit der Absicht, unsere Windschutzscheibe klar zu bekommen. In der Praxis kann sich dies aber sehr schwierig gestalten, falls Sie Visualisierungsübungen oder die Beobachtung des Atems gewohnt sind. Das »heilige Bild« oder der »heilige Atem« neigen nämlich dazu, Sie tendenziell in diese vormaligen Muster zurückzuziehen, die zwar an sich gut sind, aber eben kein Gebet der Sammlung. Ich empfehle Ihnen, dass Sie bei dem bewährten Vorschlag eines heiligen Wortes oder einer kurzen Phrase bleiben. Wählen Sie ein kurzes Wort (ein oder zwei Silben), das für Sie emotional neutral ist, damit es keine ungewollten Gedanken oder Emotionen in Wallung bringt. Und planen Sie, es langfristig einzusetzen.

Lektion 6

Die Alchimie des Personseins

Mir ist nicht bekannt, dass Ladislaus Boros jemals mit den Lehren der westlichen Tradition inneren Wissens in Berührung gekommen wäre. Seine gesamte spirituelle Schulung fand innerhalb der etablierten westlich-philosophischen Überlieferung statt und dies teilweise zusätzlich gefiltert durch die noch engeren Schranken der römisch-katholischen Scholastik. Doch Mystikerinnen und Mystiker »wissen immer mehr, als sie wissen.« Es mag sein, dass Boros offiziell nie von der imaginativen Welt, vom »zweiten Körper«, vom »Gesetz der Drei« oder von der Verwandlung spiritueller Energie gehört hat, dennoch war seine gesamte Lehre intuitiv von diesen inneren Konzepten durchdrungen.

Wir wollen uns zunächst einmal seinen Ansichten über Energieumwandlung zuwenden. Klar ist, dass die bewusste Transformation [»Umwandlung« in seinem Sprachgebrauch], die er als die hauptsächliche Wirkung der »inneren Daseinskurve« darstellt, nicht bloße »Selbstbewusstheit« oder »Integration des Schattens« im traditionellen psychologischen Sinne ist. Bei Boros' Umwandlung ist eindeutig eine aktive, bioenergetische Komponente im Spiel; eine in einer bestimmten Form vorhandene Energie wird in eine andere Form umgewandelt.

Auch Teilhard de Chardin spricht in seinen Schriften von zwei Arten von Energien, wenn er zwischen »tangentialer Energie« (physikalischer oder mechanischer Energie) und »radialer Energie« (der Energie der bewussten Evolution) unterscheidet.[23] Zwar übernimmt Boros diese Terminologie

23. Vergleiche dazu PIERRE TEILHARD DE CHARDIN: *Der Mensch im Kosmos,* München: C.H. Beck, 1969, Seiten 54ff.

nicht, doch seine Auffassung ist mit der Teilhards identisch. Eine Energie, die von grobstofflicher und mechanischer Qualität ist, wird in etwas weitaus Subtileres, spirituell Intensiveres und Aufwärtsstrebenderes umgewandelt.

Zweitens verdeutlicht Boros, dass es sich bei diesem Vorgang um eine Umwandlung handelt und nicht um eine bloße, lineare Vorwärtsbewegung. Boros' »innerer Mensch« ist keine Fortführung des »äußeren Menschen«, sondern eine radikale Neukonfiguration desselben, herbeigeführt durch das Auftreten eines ausschlaggebenden neuen Elements: der aktiven Gegenwart des *Bewusstseins selbst* als katalytisches Prinzip in einem vornehmlich alchimistischen Vorgang. Boros schreibt dazu:

> Der innere Mensch entsteht durch eine tägliche Arbeit in der Tretmühle der Pflichten, Unannehmlichkeiten, Freuden und Schwierigkeiten. Aus diesen kleinen Akten der Freiheit [das heißt: *bewussten* Akten] baut sich die große, entscheidende Freiheit auf, die Freiheit von sich selbst, der Abstand von dem eigenen Dasein. Die äußere Freiheit des Schaffens vermindert sich mit der Zeit im langsamen, aber unaufhaltsamen Erlöschen der Lebenskräfte. Da steht endlich der Mensch in der Fülle seiner gelebten Tage und seiner gewirkten Taten im kostbaren Besitz eines endgültigen Freigewordenseins. Aus den von Freuden und Trübsalen inhaltsschweren Tagen und Jahren hat sich etwas herauskristallisiert, das in allem, was erlebt, erkämpft, geschafft, geduldet und geliebt wurde, schon entworfen war, das innere Selbst, die eigene und eigentlichste Schöpfung des Menschen. Er hat die Determinismen des Lebens durch ein tägliches Meistern personal gestaltet, er ist Herr der Bezüge geworden, aus denen er bestand, die er als Rohmaterial des Selbsts mitbekommen hat. Jetzt beginnt er zu »sein«.[24]

24. *Mysterium mortis,* Seiten 101–102.

G.I. Gurdjieff hätte es nicht besser ausdrücken können. Boros, der sich niemals auf Gurdjieffs »Gesetz der Drei« bezog, nimmt es hier praktisch ohne jedwede Abwandlung auf: Die erste oder *bejahende* Kraft ist bei Boros »das Rohmaterial des Selbsts« (also der »äußere Mensch« mit all seiner Leidenschaft und seinem Potenzial); die zweite oder *verneinende* Kraft stellen die Herausforderungen und Widerstände des Lebens selbst dar, und die dritte oder *versöhnende* Kraft ist bei Boros die Kraft der bewussten Teilhabe, freigesetzt durch den Akt der »freien« (anders ausgedrückt: in einem Zustand der Nichtidentifikation vollzogenen) Ausführung dieser Handlungen. Das Resultat ist ein authentisches *Neuentstehendes* oder »Nie-Dagewesenes«. Der »innere Mensch« ist daher nicht einfach eine Aufsummierung einer Lebensreise, sondern eine *alchimistische Transformation* davon.

Dieses alchimistisch Neuentstehende bezeichnet Boros als »Person« und betrachtet, wie Teilhard, das »Personsein« als eine fortgeschrittenere Stufe auf der Evolutionsleiter. Allerdings geht er in seiner intuitiven Erkenntnis insofern weiter als Teilhard, als er intuitiv anerkennt, dass dies tatsächlich eine *bioenergetische Zustandsänderung* impliziert und dass ihre Frucht – diese »Person« – nicht nur ein weiseres oder netteres menschliches Wesen ist, sondern nun wirklich einen aus subtilerer Materialität und intensiverer Leuchtkraft zusammengesetzten Körper in sich trägt.

Ohne es überziehen zu wollen, würde ich behaupten, dass diese »Person« oder dieser »innere Mensch« genau zu den funktionalen Beschreibungen eines »zweiten«, »ätherischen« oder »Kesdschan-Körpers« in den inneren Lehren passt. Und ja, es ist möglich, unsere Identität bereits in diesem Leben in diesen Körper zu transponieren, und dies ist auch tatsächlich die innere Bedeutung von »Stirb, bevor du stirbst« und das, worauf Rafe anspielte, als er mich aufforderte: »Du musst das in dir finden, das bereits jenseits des Todes lebt, und jetzt beginnen, aus dem heraus zu leben.« Dies ist der »Körper«, in dem wir wirklich den Moment unseres Todes erleben. Weil der Tod bereits unter dem Einfluss einer höheren Kausalität steht, und zwar in dem Maße, in dem sich unsere Identität hier gefestigt hat, stellt er keinen Abbruch dar, sondern nur einen radikalen Phasenübergang. Und darin liegt unsere wahre Chance.

Fragen zur Reflexion

Die heutige Lektion beinhaltet reichlich Gedankennahrung. Nehmen Sie sich dafür genügend Zeit und erkunden Sie, was mit Ihrer eigenen Erfahrung in Einklang steht und was Sie eher ratlos zurücklässt.

Jene unter Ihnen, die sich bisher nicht mit dem Gesetz der Drei beschäftigt haben, finden Näheres dazu in meinen beiden Büchern *Die Heilige Dreifaltigkeit und das Gesetz der Drei*[25] und *The Corner of Fourth and Nondual* (in Kapitel drei).

Spirituelle Übung

Lassen Sie uns für eine Weile mit dem Gebet der Sammlung fortfahren. Hoffentlich beginnt die Haltung des »Loslassens« im Gebet der Sammlung, sich allmählich mit der Haltung des »Loslassens« zu verbinden, die im Kern sowohl eines bewussten Todes als auch eines bewussten Lebens liegt.

Einige erfahrene Meditierende, die an eine striktere Aufmerksamkeit gewöhnt sind, wie sie in den meisten Bewusstseinsmethoden und auch in der Gurdjieff-Arbeit praktiziert wird, stören sich anfänglich an der offenbar »unschärferen« Bandbreite des Bewusstseins, in welcher sich das Gebet der Sammlung zu bewegen scheint. Manche sprachen sogar davon, das Gebet der Sammlung sei eine Form von »Ver-

25. Cynthia Bourgeault: *Die Heilige Dreifaltigkeit und das Gesetz der Drei,* Xanten: Chalice Verlag, 2020.

stande*ssenken*«,[26] weil »niemand zu Hause« zu sein scheint, der das Bewusstseinsfeld genau überwacht. Wahr ist, dass das Gebet der Sammlung auf eine ganz andere Weise mit Aufmerksamkeit arbeitet: Es fördert ein eher diffuses (oder objektloses) Aufmerksamkeitsfeld anstatt einer scharf fokussierten »doppelten Aufmerksamkeit« (bei der wir uns gleichzeitig des Wahrnehmungsfelds wie auch der Tatsache bewusst sind, dass wir es sind, die es wahrnehmen). Aber Vorsicht: Klarheit und Reinheit sind nicht dasselbe. Das Gebet der Sammlung opfert das von den meisten Meditierenden geschätzte »helle Bewusstsein« zugunsten der Fähigkeit, im Akt der reinen Selbsthingabe weiter voranzukommen als auf nahezu jedem anderen Meditationspfad. Es ist ein pures Geschenk, wenn wir lernen, an absolut nichts festzuhalten, auch nicht an unserem individuellen Bewusstsein. Es ist die Stärke und Reinheit der Selbsthingabe, welche die Integrität dieser Übung ausmacht – und wenn Sie ihr vertrauen, *wird* sie Sie bis ganz dorthin bringen.

26. Als Gegensatz zu »Verstandesdenken«; ein in der buddhistischen Terminologie verwendeter Begriff, basierend auf dem englischen Wortspiel von *thinking mind* und *sinking mind* [A.d.Ü.].

Lektion 7

Das ontologische Ausgeliefertsein

Stellen wir uns nun also vor, wir wären im Moment unseres Todes angelangt. Das Warten und die Vorahnung sind vorüber; der Augenblick ist endlich *hier.* Wie fühlt sich dieser Moment jetzt an?

Egal auf welchem Weg wir hier ankommen, sagt Ladislaus Boros, der Moment unseres Todes wird uns in zwei existenzielle Erfahrungen stürzen, die ohnegleichen sind. Er nennt sie das *ontologische Ausgeliefertsein* und den *allkosmischen Weltbezug.* In dieser Lektion wollen wir der ersten dieser beiden Erfahrungen nachgehen.

»Ontologisches Ausgeliefertsein« (oder »ontologische Indigenz«) bedeutet »Bedürftigkeit des Seins«. Das vertraute Selbst, das wir zu sein meinten, löst sich plötzlich in Luft auf und wir finden uns in eine neu-entdeckte Freiheit katapultiert, die gleichzeitig eine schmerzhafte Häutung ist. »Ontologischer freier Fall« wäre vielleicht eine etwas sinnträchtigere Beschreibung.

Konform mit seiner scholastischen theologischen Ausbildung betont Boros, dass der Verlust der Leiblichkeit im Tod eine echte ontologische Krise ist. Wir haben es nicht bloß (wie in so vielen gnostischen Vorstellungen) mit einer »Seele« zu tun, die während ihres irdischen Lebens lose in einen Körper gehüllt ist, den sie dann wie ein abgetragenes Kleidungsstück beiseitelegt. Seele und Körper bilden während des physischen Lebens eine starke symbiotische Einheit. Der Körper ist mehr als nur ein Kleidungsstück, mehr als bloß eine Trägerrakete für die Seele. Er ist ein integraler Bestandteil unserer Identität, unserer Reaktionsfähigkeit, unserer Beziehung zur Welt. Körper und Seele konstituieren sich gegenseitig. Infolgedessen ist der Tod »der ganzheitliche Untergang des einen Seienden«,[27] nicht nur das Zugrundegehen des Körpers, sondern *unseres gesamten Selbsts, wie wir es bis dahin kannten.* Er ist eine echte, innerste und fatale Verwundung, die unser Sein unwiderruflich verändert.

Wie Sie vielleicht wissen, stammt das Wort »Wunde« vom lateinischen *vulnus,* von dem auch das Wort »Vulnerabilität« abgeleitet wird. Verwundbarkeit ist natürlich eine zweischneidige Angelegenheit: Wir sind *exponiert,* doch gleichzeitig auch geöffnet [»aufgebrochen« sagt Boros] – also berührbar. Eine nicht-vulnerable Person kann nicht verwundet werden; transformiert werden kann sie allerdings auch nicht.

Boros greift in seinem Verständnis von »ontologischem Ausgeliefertsein« auf beide dieser Bedeutungen zurück. Im Augenblick des Todes sind wir sowohl ganzheitlich exponiert als auch »weit geöffnet«.

Wir sind *exponiert,* weil wir all der schützenden Tarnung entblößt wurden, die uns unser Körper während des ganzen Lebens so gütig gewährt hat: unseres Selbstbildes, unserer psychologischen Mauern und Abwehrmechanismen, unseres falschen Verständnisses von Besitz. Das ganze verkörperte Abwehrsystem, das uns im menschlichen Leben beschützt, uns getarnt, uns verhüllt und uns erlaubt hat, uns in der eigenen Haut zu verstecken, fällt jetzt, gemeinsam mit dem physischen Organismus, einfach in sich zusammen und wir stehen hilflos da in unserer plötzlichen inneren Bedürftigkeit.

Doch genau hier liegt der Moment der Freiheit. Es gibt nichts mehr zu verteidigen, nichts zu verbergen, und die vormals in diesen Abläufen gebundene Energie ist plötzlich frei zu wählen, zu erkennen und zu handeln, ohne die Trägheit der Leiblichkeit. Unser Leben, das wir bisher in Wellenform in der Zeit gelebt haben, kollabiert plötzlich zu lebendigen Funken, erfüllt von unserer reinen Essenz und der Kraft, endlich eine unverfälschte Tat zu vollbringen – ohne sich

27. *Mysterium mortis,* Seite 114.

zurückzuhalten, ohne sich zurückzuziehen. Was im Laufe unseres Lebens zu unserem *Personsein* geschmiedet wurde, zum verwirklichten Sinn unseres Daseins, liegt in all seiner entblößten Transparenz vor uns, unkonfiguriert und ungefiltert. Es ist ein Moment der totalen Selbstentblößung – und damit der totalen Selbstbegegnung. Die alten Verstecke sind für immer verschwunden, und wir müssen vortreten, um die Neuschöpfung, zu der wir geworden sind, anzunehmen und sie vollständig zu bewohnen.

Fragen zur Reflexion

1 Besonders in der christlich-spirituellen Tradition wird der Körper auf unserer spirituellen Reise oftmals als ein Widersacher betrachtet. Bestenfalls stellt er eine Belastung für uns dar und zieht uns herunter, im schlimmsten Fall blockiert er mit seinen Gewohnheiten und Wünschen sogar aktiv unseren Weg. Häufig werden Körper und Seele gegeneinander ausgespielt, »unser Seelenheil« erkauft mit der »Kasteiung unseres Fleisches«. Inwiefern unterscheidet sich Boros' Verständnis von dieser althergebrachten Lehre?

2 Welche Erfahrungen verbinden Sie mit dem Konzept von Körper und Seele als Gegenspieler? Gehörte diese Vorstellung zu Ihrer religiösen Früherziehung? Falls dem so war, welche Auswirkungen hatte es auf Sie? Wie gehen Sie heute mit den Folgen um?

3 Was glauben Sie, was ich mit meiner Aussage meine: »Körper und Seele konstituieren sich gegenseitig«? Fallen Ihnen dafür Beispiele aus Ihrem eigenen Leben ein? Können Sie beschreiben, *wie* Ihr Körper »Sie beschützt, Sie tarnt und Sie verbirgt«? Was geschieht, wenn Sie sich Ihren Körper nicht als Ihren Gegner auf der spirituellen Reise vorstellen, sondern als Ihren weisen Freund und Beschützer – buchstäblich als Ihren »Leibwächter«?

4 Im vierten Absatz dieser Lektion habe ich das Wort »Seele« in An- und Abführungszeichen gesetzt? Was glauben Sie warum?

Weitere Gedankenanstöße

Es gibt wohl kaum eine eindrucksvollere Darstellung des Todesmoments als jene auf den letzten Seiten von Lew Nikolajewitsch Tolstois klassischer Novelle *Der Tod des Iwan Iljitsch* aus dem Jahr 1886. Tolstoi nimmt einige Themen und Einsichten von Boros' theologischer Reflexion vorweg und illustriert diese packend. Auch ist mir kein besserer Text bekannt, mit dem der weise Rat Euagrios' in die Tat umgesetzt werden könnte: »Setze dich in deine Zelle, sammle deine Gedanken und gedenke des Tages deines Todes.« Dieses Buch liegt immer auf meinem Nachttisch und ich lese stets aufs Neue darin; es trennt definitiv die Spreu vom Weizen meines Lebens.

Spirituelle Übung

Wir kommen nun zum Willkommensgebet oder zur Willkommensübung. Es handelt sich dabei um eine das Gebet der Sammlung begleitende Übung, die innerhalb des »Netzwerks des Gebets der Sammlung« entwickelt wurde.[28] Die

28. Die englischsprachige Anlaufstelle für die vielfältigen internationalen Aktivitäten dieses lockeren Netzwerks von Einzelpersonen und kleineren Glaubensgemeinschaften rund um die Lehre von Thomas Keating ist das Internetportal Contemplative Outreach (contemplativeoutreach.org). Eine deutschsprachige Version finden Sie unter »Contemplative Outreach auf Deutsch« (centering-prayer.org) [A.d.Ü.].

Willkommensübung kann uns dabei helfen, die im Gebet der Sammlung praktizierte Haltung des »Loslassens« aktiv in unser Alltagsleben zu integrieren. Jene, die schon andere Online-Kurse von mir besucht haben, kennen diese Übung. Im Zusammenhang mit den Lektionen dieser Woche werden Sie sie besonders wichtig finden.[29]

Diese Übung ist dazu gedacht, situativ angewendet zu werden, also inmitten des alltäglichen Lebens und immer dann, wenn Sie sich durch eine negative Emotion oder körperlichen Schmerz »ohne Boden« fühlen. Bei dieser Übung haben wir es mit einem dreistufigen Prozess zu tun, mit dem das Ziel verfolgt wird, die Energie freizusetzen, die in den negativen Emotionen eingeschlossen ist, und sie zum Wohle Ihrer spirituellen Freiheit zurückzuerobern. Es ist eine körperliche Übung, die aktiv mit der Energie in Ihrem Körper arbeitet, daher ist es wichtig, sich genügend Zeit zu nehmen, diese Übung *wirklich in Ihrem Körper auszuführen,* und sie nicht bloß in Ihrem Kopf rasch »abzuspulen«.

Wann immer Sie sich also in Ihrem Alltag plötzlich in negative Emotionen oder körperlichen Schmerz verstrickt fühlen, machen Sie folgende drei Schritte:

1. Fokussieren oder »Einsinken«
2. »Willkommen heißen«
3. Loslassen

Heute konzentrieren wir uns auf den ersten Schritt dieser Übung, der in engem Einklang steht mit der aktuellen Lektion. Mit Fokussieren oder »Einsinken« sollen Sie sich der

29. Zur Willkommensübung siehe auch CYNTHIA BOURGEAULT: *Das Herz im Gebet der Sammlung: Non-duales Christsein in Theorie und Praxis,* Xanten: Chalice Verlag, 2021, Seiten 104–106; und *Jesus: Meister der Weisheit – Was er wirklich lehrte über die Verwandlung unseres Herzens,* Xanten: Chalice Verlag, 2020, Seiten 202–215.

Verstimmung *als einer Empfindung in Ihrem Körper* physisch bewusstwerden, sie also körperlich spüren. Aber beurteilen Sie diese Empfindung nicht. Unternehmen Sie auch nicht den Versuch, sie in irgendeiner Weise zu »bearbeiten« (das sind alles Aktivitäten, die im Kopf geschehen). Nähern Sie sich einfach der Empfindung und erlauben Sie sich, sie in ihrer Fülle zu erfahren. Sie spüren ihre Lebendigkeit; Sie knien sich in diese Lebendigkeit hinein und erforschen sie mit Neugier und Offenheit.

Wenn Sie aufmerksam sind, werden Sie feststellen, wie sich schon jetzt etwas in Ihrer Beziehung zur Aufregung oder Verstimmung verändert, und zwar einzig und allein dadurch, dass Sie Ihre Aufmerksamkeit auf die Empfindung richten. Können Sie sich vorstellen, warum dieser erste Schritt des Fokussierens oder »Einsinkens« so wichtig ist?

Lektion 8

Liebe und Tod

Ontologisches Ausgeliefertsein klingt nach einer gravierenden, vielleicht sogar beängstigenden Erfahrung, in Wirklichkeit jedoch gibt es keinen Grund, beunruhigt zu sein. Wir sind mit diesem Terrain durchaus vertraut, weil wir in unseren tiefsten Erfahrungen menschlicher Liebe bereits darauf gestoßen sind.

Genau dies ist der radikale Gedanke, den Boros in einem der schönsten kurzen Abschnitte seines *Mysterium mortis* aufwirft. Unser eindrücklichster Vorgeschmack auf den Tod, schreibt er, ist unentwirrbar verbunden mit unserer stärksten Erfahrung, aus tiefstem Herzen zu lieben. Darin haben wir zum ersten Mal erlebt, dass vollkommene Selbstauslieferung oder -aufgabe, vollkommene Selbsthingabe und vollkommene Transparenz im Grunde genommen ein und dieselbe Regung sind und dass sich diese Regung nur in der Sphäre der Liebe entfalten kann.

Wenn wir uns verlieben, stürzen wir uns kopfüber ungestüm in die Richtung des oder der Geliebten. Alles wollen wir dem geliebten Menschen geben, mit ihm verschmelzen, sodass wir wirklich einswerden. Gleichzeitig erleben wir einen Taumel der Selbstenthüllung, da wir uns endlich sicher fühlen, unsere tiefsten Sehnsüchte und Verletzlichkeiten einem anderen Menschen offenbaren zu können, und wissen, dass sie verstanden und empfangen werden. Boros schreibt: »So vermag der Mensch nur in den höchsten Sternstunden des Liebeseinsatzes, sich einem anderen auszuliefern und im Ausgeliefertsein für einen flüchtigen Augenblick zu ›sein‹.«[30]

30. *Mysterium mortis,* Seite 90.

Einen gesegneten Moment lang kommen wir in Berührung mit dem Saum von etwas unendlich Größerem.

Doch dieser Moment ist im menschlichen Leben nicht von Dauer. Unsere Zeit, uns im Unendlichen aufzulösen, ist noch nicht gekommen; wir sind hier, um zu lernen, wie wir das Unendliche in ertragbarer Endlichkeit auszuhalten vermögen. Und solange wir uns noch in menschlicher Form befinden, fällt das Gewicht dieser Verantwortung dem Körper zu, dessen Aufgabe es ist, uns fest in der Welt des »Habens und Besitzens« zu verankern. Nach und nach verklingt die Ekstase, die Selbstbezogenheit kehrt zurück und die Liebe »reift« von der ekstatischen Vereinigung hin zur partnerschaftlichen Zusammenarbeit.

Wenn wir aufrichtig genug sind, mögen wir bemerken, wie sich das Eigeninteresse auf allen Ebenen einschleicht. Eine großzügige Tat lässt mich meine Tugendhaftigkeit genießen; eine selbstaufopfernde Handlung kann sich zu einer subtilen Form der Manipulation entwickeln; die Erfahrung des Verliebtseins vermittelt *mir* ein gutes Gefühl. Solange wir hier unser leibliches Leben führen, vermischt sich unsere Sehnsucht nach reiner Selbsthingabe immer mit dem Vergnügen, das dieser Vorgang *uns* bereitet. Die reine kenotische Haltung liegt jenseits unseres Vermögens. Sie entzieht sich buchstäblich unserem Zugriff.

Im Augenblick unseres Todes ändert sich die Situation entschieden. Wenn der Körper seinen Zugriff auf die Seele löst, wird diese noch im selben Moment unumkehrbar aus dem Gravitationskreis des »Habens und Besitzens« herauskatapultiert. In diesem Moment völligen seinsmäßigen Ausgeliefertseins (ohne »Schutz«, ohne »Abschirmung«, ohne »handgreifliche Sicherung«[31]) wird die in der ekstatischen Liebe »vorausgeübte vollkommene Hingabe und Selbstvergessenheit« endlich möglich.

31. Ebenda, Seite 91.

Ladislaus Boros schreibt:

> Liebe und Tod haben also eine gemeinsame Wurzel. Die schönsten Liebesgeschichten enden mit dem Tod, und das ist nicht von ungefähr. Freilich ist und bleibt die Liebe die »Überwindung des Todes«, aber nicht, weil sie ihn aufhebt, sondern weil sie selbst Tod ist. Erst im Tod ist die totale Hingabe der Liebe möglich, denn erst im Tod können wir voll und vorbehaltlos ausgeliefert sein. Darum gehen auch die Liebenden so einfach und unberührt in den Tod hinein, sie begeben sich ja nicht ins Fremde, sondern in den Innenraum der Liebe.[32]

Über diese starken und geheimnisvollen Worte habe ich im Laufe der Jahrzehnte oft nachgedacht. Vor dreißig Jahren schien mir das in ihnen Gesagte höchst unwahrscheinlich. Doch meine eigene Reise in die Liebe führte mich tiefer in dieses Geheimnis hinein und nach und nach begann ich darauf zu vertrauen, dass, wenn es schließlich so weit sein wird, mein Tod nicht als ein Fremder kommen wird, sondern als Vollendung einer Haltung, die mein Herz bereits inniglich kennt. Ich werde mich entspannen, tief durchatmen und mich bereit machen, »einfach und unbekümmert« in diesen »Innenraum der Liebe« zu gehen.

Fragen zur Reflexion

1 »Freilich ist und bleibt die Liebe die ›Überwindung des Todes‹, aber nicht, weil sie ihn aufhebt, sondern weil sie selbst der Tod ist.« Wenden Sie heute etwas Zeit auf, um über diese kraftvollen und herausfordernden Worte nachzudenken. Warum bleibt Boros nicht, wie es die meisten Auf-

32. Ebenda.

erstehungstheologien tun, bei »Liebe hebt den Tod auf« stehen? Welche entscheidende Nuance kommt mit seiner Aussage hinzu, »die Liebe ist selbst Tod«? Wie verändert dies auf subtile Weise den Verlauf Ihrer persönlichen Herangehensweise an den Tod?

2 »Selbstbezogenheit« ist für uns normalerweise eine negative Eigenschaft – so wie »egoistisch«, »narzisstisch« und so weiter. Wir lamentieren über unseren »sündigen Eigensinn« und werten ihn als Charakterfehler. Boros scheint jedoch zu sagen, dass eine gewisse somatische Selbstbezogenheit eine nicht-verhandelbare Vorbedingung des verkörperten Daseins selbst ist. Inwieweit trifft das Ihrer Meinung nach zu? Und wäre das überhaupt etwas Negatives? Auf welche Weise könnte diese »Trägheit der Körperlichkeit« für unsere eigentliche menschliche Aufgabe hier auf Erden hilfreich sein?

3 Stimmen Sie mit Boros überein, dass es unmöglich ist, ein wahrhaft selbstloses Handeln aufrechtzuerhalten, solange wir uns im verkörperten Leben befinden? Warum oder warum nicht?

4 Sind »Selbstauslieferung« oder -aufgabe, »Selbstentäußerung« und »Selbsthingabe« dasselbe oder unterscheiden sie sich? Wie können »Auslieferung« (was uns normalerweise einen Akt innerer Schwäche suggeriert) und »Hingabe« (was uns üblicherweise als ein Akt innerer Stärke erscheint) so nahe beieinander liegen?

5 Ermöglicht Ihnen Ihre eigene Erfahrung menschlicher Liebe einen Zugang zu diesem heiligen Paradoxon? Wenn ja, auf welche Weise?

Spirituelle Übung

Wir bleiben bei unserer Beschäftigung mit der Willkommensübung und konzentrieren uns heute auf den zweiten Schritt, den des »Willkommen-Heißens«. Sobald Sie vollständig eingestimmt sind auf das Fühlen der sich in Ihrem Körper abspielenden Verstimmung, beginnen Sie, sanft das Wort »Willkommen!« hineinzubringen. Ich persönlich ziehe es vor, die Aufregung irgendwie zu benennen – etwa: »Willkommen, Angst!«, »Willkommen, Zorn!« oder »Willkommen, Schmerz!« –, einfach um klarzustellen, dass meine Begrüßung, mein Willkommen-Heißen, der *inneren Empfindung* gilt und nicht etwa den *äußeren Umständen.* Wenn wir Angst erleben, weil wir soeben ein beunruhigendes Ergebnis bei einem Krebsvorsorgetest erhalten haben, heißen wir in dieser Übung die Angst willkommen, nicht den Krebs!

Aber wozu überhaupt dieses Willkommen-Heißen? Sollten wir nicht viel lieber versuchen, negative Emotionen oder Schmerzen *loszuwerden?* Eben nicht, und genau darin liegt die feinsinnige Genialität dieser Übung. Solange wir einen emotionalen oder körperlichen Zustand als inakzeptabel beurteilen und unsere spirituelle Praxis lediglich dazu »benutzen«, diesen Zustand vertreiben zu wollen, kapitulieren wir *de facto* vor der falschen Prämisse, unser innerer Zustand hänge von äußeren Umständen ab. Tatsächlich ist unser innerer Zustand davon abhängig, ein klares, ungeteiltes und unvoreingenommenes Bewusstseinsfeld aufrechtzuerhalten (einen Zustand, der in der spirituellen Lehre oft als »Gleichmut« bezeichnet wird). Die negative Emotion oder der körperliche Schmerz haben diesen Zustand vorübergehend unterbrochen, aufgespalten; mit dem Willkommen-Heißen soll das ungeteilte Feld wiederhergestellt werden. Und indem wir dies tun, öffnen wir uns einem viel stärkeren Strom integrierender Energie, der zu unserer Verfügung steht, sobald die innere Unvoreingenommenheit zurückkehrt. Aus dieser Stärke und Klarheit heraus können wir *entscheiden,* wie wir mit den äußeren Umständen umgehen wollen. Mal nehmen wir sie dankbar an, ein anderes Mal leisten wir ihnen energischen Widerstand. Egal, wie unsere Entscheidung auch aussehen mag, sie entspringt dann einer ungeteilten inneren Stärke.

Ich hoffe, diese Lektion trifft bei Ihnen auf eine gewisse Resonanz. Indem Sie die negative Emotion oder den Schmerz willkommen heißen, liefern Sie sich der Emotion oder dem Schmerz wirklich aus, anstatt sich aktiv dagegen zu wehren. Tatsächlich aber *übergeben Sie sich* einer höheren Intelligenz, welche durch die Situation wirkt und die Ihnen in genau diesem Akt der Hingabe zur Verfügung steht. Wir üben diesen Akt in der Liebe und vervollkommnen ihn im Tod.

Lektion 9

Allkosmischer Weltbezug

Sie sind mit dem Wesentlichen des »allkosmischen Weltbezugs« bereits vertraut, falls Sie dieses sanfte, kurze Trauergedicht kennen, das so oft bei Beerdigungen vorgetragen wird:

Bleib nicht steh'n an meinem Grab und weine.
Ich bin nicht dort; ich schlafe nicht.
Ich bin das Wehen der tausend Winde.
Ich bin das Glitzern auf dem Schnee.
Ich bin auf reifem Korn das Licht der Sonne.
Ich bin ein Regen, sanft, im Herbst.
Wenn du erwachst in der Morgenstille,
Bin ich der schnelle hohe Zug
Von Vögeln, die stille Kreise ziehen.
Des Nachts bin ich der Sterne Glanz.
Bleib nicht steh'n an meinem Grab und weine.
Ich bin nicht dort; ich sterbe nicht.[33]

Boros' Darlegung des allkosmischen Weltbezugs bestätigt und erweitert diese tiefe Intuition einer fortgesetzten »materiellen« Teilhabe an der Welt jenseits des physischen Todes. Es mag zwar den Anschein haben, der Tod durchtrenne un-

33. Dieses häufig und in leicht unterschiedlichen Versionen wiedergegebene Gedicht hat eine umstrittene Entstehungsgeschichte. Nähere Details sind in der englischsprachigen Wikipedia unter dem Artikel "Do Not Stand at My Grave and Weep" nachzulesen. Mit größter Wahrscheinlichkeit stammt es von der US-amerikanischen Journalistin Clare Harner und wurde 1934 erstmals publiziert. Deutsche Übersetzung © Chalice Verlag [A.d.Ü.].

sere Beziehung zur weiter pulsierenden materiellen Welt, aber Boros behauptet, »dass das Leibfreiwerden der Seele im Tode nicht ein schlechthinniges Ausbrechen aus der Materie bedeutet, sondern dass, im Gegenteil, gerade durch den Vorgang des Todes sich für die Geistseele eine wesenhaftere Materienähe auftut.«[34]

Sie mögen vielleicht den Eindruck bekommen, hier biege ein klassisch ausgebildeter jesuitischer Theologe scharf in Richtung New Age ab. Doch Boros braucht sich für seine Argumentation nicht beim New Age aufzumunitionieren. Vielmehr baut er seine Beweisführung auf einem genau durchdachten scholastischen Argument auf, das wiederum auf der Prämisse einer fundamentalen symbiotischen Einheit von Seele und Körper basiert.

In der klassischen scholastischen Theologie ist diese Einheit keine »zufällige« (aus Zweckmäßigkeit entstandene), sondern eine *essenzielle,* hervorgerufen durch einen tiefen inneren Imperativ in der Seele selbst. Während unseres irdischen Lebens ist dieser Beziehungsimperativ tatsächlich die unsichtbare treibende Kraft, die Körper und Seele zusammenhält. Das uranfängliche Verlangen der Seele nach einer Beziehung zur Materie löst sich nicht auf, wenn der physische Körper stirbt; vielmehr überträgt es sich auf ein wesentlich weiteres Beziehungsfeld. »Die Seele ergreift sich selbst durch den Gesamtkosmos«,[35] erklärt Boros, und in dieser Form setzt sie ihre Reise zur endgültigen Vollendung ihres Personseins fort.

Hier ist nicht die Rede davon, einfach nur einszuwerden mit den Schneeflocken, dem Herbstregen und den Winden, wie es die sentimentale, populär-spirituelle Variante dieser Vorstellung beschreibt. Vielmehr wirft sich die von der begrenzenden Körperlichkeit befreite Seele direkt der kosmischen Quelle entgegen – »zu dem zentralen Mutterboden,

34. *Mysterium mortis,* Seite 115.

35. Ebenda, Seiten 117–118.

zu der wurzelhaften Einheit der Welt, wo alles verknotet und eins ist, wo alle raumzeitlichen Dinge zusammengeknüpft sind und wie aus einer Wurzel leben, in das Unterste und Tiefste aller Sichtbarkeit.«[36] Boros nennt diesen Ort »das Herz der Erde« und erklärt, indem er den roten Faden seiner Argumentation wieder aufgreift: »An dieser Stelle wird sie [die Geistseele] ihre ganzheitliche Entscheidung treffen.«[37]

Was für ein Ort könnte das sein? Welche Dimensionalität hat Boros hier im Sinn: die räumliche oder die mythologische oder die kosmogonische? Ich denke, dass er von all diesen spricht und zwar mit den Ober- und Zwischentönen jener charakteristischen Dichte, die so typisch ist für visionäre Erkenntnis. Meine Vermutung ist, dass dies tatsächlich das mystische Epizentrum der Offenbarung ist, die Boros an jenem lebensverändernden Tag gewährt wurde. In der Fusionshitze verbinden sich das »Herz der Erde«, wie es sein Mentor Karl Rahner als eine Art metaphysische Erste Ursache begriff, mit dem »Herz der Erde«, wie es Teilhard de Chardin als das eigentliche feurige Zentrum unseres dynamischen und sich ständig weiterentwickelnden Planeten betrachtete, um ein geheimnisvolles »Dazwischen« zu erzeugen, das sowohl ein metaphysischer »Ground Zero« als auch greifbar *hier* ist. In diesem »Herzen der Erde« wird schließlich die Antwort gewährt werden, die sich im Laufe des Lebens herausformt.

Sie mögen sich fragen, ob all diese metaphysischen Bemühungen notwendig sind, um eine Intuition zu stützen, auf die die meisten von uns ohnehin bereits einen Blick geworfen haben und die da lautet: Nach unserem Tod wird der Kosmos selbst zum Ausdrucksmittel jener Liebe, die uns weiterhin mit denen verbindet, die wir zurückgelassen haben. Boros wird dieses Argument im letzten Teil seines Buches kraftvoll ausspielen, wenn er dieselbe Formel auf Jesus im

36. Ebenda, Seite 116.
37. Ebenda.

Moment seines Todes anwendet, um eine neue theologische Grundlage für die Frage zu finden, warum dieser Tod tatsächlich tiefgreifend die kosmischen Fundamente der Welt verschoben hat. Bleiben Sie also dran!

Fragen zur Reflexion

1 Haben Sie persönlich schon einmal die Erfahrung gemacht, durch eine Berührung aus der Welt der Natur einem verstorbenen geliebten Menschen zu begegnen? Wenn ja, wie war das für Sie? Welche Emotionen bildeten den Mittelpunkt des Austauschs?

2 In einem an Paradoxen und Geheimnissen reichen Absatz reflektiert Boros umfassender darüber, wie dieser Ort, den er »das Herz der Erde« nennt, konstruiert sein könnte:

> Unsere hiesig-empirische Welt stellt gleichsam nur eine verlorene Ecke jenes wesenhaften Kosmos dar, aus dem in unsere Welt immer nur je ein einziges Gegenwartsquantum lang die Kraft zum Dasein einströmt, jenes Kosmos, dessen Berührung unsere Welt dem Nichtdasein immer wieder durch ein neues und winziges Daseinsfundament entreißt und so dem davonstürzenden Zeitlauf ausliefert. Der Tod wäre somit ein Hinuntersteigen zu dem zentralen Mutterboden, zu der wurzelhaften Einheit der Welt, wo alles verknotet und eins ist, wo alle raumzeitlichen Dinge zusammengeknüpft sind und wie aus einer Wurzel leben, in das Unterste und Tiefste aller Sichtbarkeit. Vielleicht könnte man diese Wirklichkeit mit dem Urwort »Herz« ausdrücken. Im metaphysischen Vorgang des Todes gelangt die Geistseele ins »Herz des Universums«, ins »Herz der

> Erde«. An dieser Stelle wird sie ihre ganzheitliche Entscheidung treffen.[38]

Arbeiten Sie in den nächsten Tagen mit dieser Passage im Stil der *lectio Divina.* Das bedeutet: Lesen Sie den Abschnitt mehrere Male langsam (möglichst ein- oder zweimal laut) und spüren Sie, welcher Satz, welche Idee oder auch welches einzelne Wort Sie in besonderem Maße anzieht und für Sie eine berührende Bedeutung zu haben scheint. Wenn Sie sich tief betroffen fühlen, können Sie, anstatt in Worten zu erklären, was diese Beschreibung in Ihnen hervorruft, ebenso ein Mandala zeichnen.

3 Fühlt sich dieser Ort für Sie unheimlich an, seltsam numinos? Oder bedeutet er für Sie nur eine mentale Abstraktion, die sich Ihnen in den Weg stellt?

Weitere Gedankenanstöße

In den Grundlehren der Kirche heißt es, Jesus habe die drei Tage zwischen seinem Tod am Kreuz und seiner Auferstehung in einem »Abstieg in die Hölle« verbracht. Dort zeigt ihn die klassische Ikonografie als Retter der Seelen der verstorbenen Gläubigen. Boros jedoch erklärt, dass es nicht die Hölle ist, auf die in der Bibel (Mt 12.40) verwiesen wird, sondern »das Herz der Erde«.

Verändert es in irgendeiner Form den Rahmen Ihres Verständnisses davon, worin die kosmische Mission Jesus bestand, wenn Sie sich ihn »im Herzen der Erde« sitzend vorstellen, wie Boros es beschreibt, und nicht in der Hölle, wie es üblicherweise theologisch dargestellt wird? Welche neuen Einsichten eröffnet diese Vorstellung in diese alte Lehre, die

38. Ebenda, Seiten 115–116.

von zeitgenössischen Geistern so oft als mittelalterlicher Aberglaube abgetan wird?

Spirituelle Übung

Wir arbeiten weiterhin situativ mit der Willkommensübung, um nach einer körperlichen oder emotionalen Aufregung und Verstimmung den inneren Gleichmut wiederherzustellen. Heute konzentrieren wir unsere Aufmerksamkeit auf den dritten und letzten Schritt des Übungsprozesses: auf das »Loslassen«.

Das Wichtigste bei diesem letzten Schritt ist, *ihn nicht allzu rasch machen zu wollen!* Die gesamte Übung läuft ansonsten leicht Gefahr, in eine Abhilfe-Strategie zurückzufallen, mittels derer wir Emotionen oder Situationen »korrigieren« wollen, die wir als »unannehmbar« empfinden. Wie in jener wunderbaren Maxime der Anonymen Alkoholiker ist es jedoch nicht das Ziel, den emotionalen oder körperlichen Schmerz *loszuwerden,* sondern dass er »von uns genommen« werde.

Vergessen Sie nicht, dass der Großteil der Arbeit in dieser Übung im Wechselspiel zwischen den ersten beiden Schritten des »Fokussierens« und »Willkommen-Heißens« geschieht. Wenn Sie zwischen diesen beiden Prozessschritten hin und her wechseln und dabei Ihre Verbindung zu jenem Teil Ihres Körpers aufrechterhalten, der die Verstimmung am heftigsten erlebt, während Sie die Empfindung gleichzeitig willkommen heißen, werden Sie feststellen, dass sich die Energie entweder nach und nach oder ganz plötzlich zu verändern beginnt. Wenn Sie diese Veränderung wahrnehmen, bringen Sie den Schritt des »Loslassens« hinzu und nennen die Verstimmung erneut mit einem unverfänglichen Begriff, so wie Sie es beim zweiten Schritt der Übung bereits praktiziert haben (etwa: »Ich lasse diese Angst los«, »ich lasse diese Wut los« etc.) Seien Sie sich bewusst, dass dies kein pauschales Versprechen ist, nie wieder ängstlich oder wütend zu sein; es ist eher eine Art Coda, ein kleiner Schlussteil eines musikalischen Satzes, nachdem die Musik eigentlich bereits verklungen ist.

Möchten Sie die energetisierende Wirkung dieser Praxis intensivieren, dann versuchen Sie, anstatt zwischen »Fokussieren« und »Willkommen-Heißen« hin und her zu wechseln, die doppelte (oder erweiterte) Aufmerksamkeit aufzubringen, sich gleichzeitig beider Schritte bewusst zu bleiben. Dazu ein Tipp: Dies lässt sich relativ leicht dadurch meistern, dass Sie den »Sitz« Ihrer Aufmerksamkeit bewusst in den Bereich Ihres Solarplexus bringen und ihn dort verankern.

Lektion 10

Christus im Tod

Die eigentliche Frucht von Boros' mystischer Offenbarung erwartet uns im dritten Teil seines Werkes, wo er sich seiner schematischen Darlegungen (des ontologischen Ausgeliefertseins und der allkosmischen Gegenwart) bedient, um die tiefere Bedeutung von Christi eigenem Durchgang durch den Tod zu knacken. Ausgehend von der notorisch herausfordernden traditionellen theologischen Lehre, dass unsere menschliche Erlösung durch den *Tod* Christi (und nicht etwa durch seine Auferstehung) vollbracht wird, zeigt Boros mittels seiner Hypothese, wie »er dann zugleich in seiner leibhaften Menschheit zum realontologischen Grund einer neuen Gesamtheilssituation für das ganze menschliche Geschlecht« wurde.[39]

Die Vorstellung, dass es der Tod Christi ist, der unsere kosmische Versöhnung vollbringt, verwundert selbst Menschen, die ihr Leben lang als Christen gelebt haben: Ist es nicht vielmehr die *Auferstehung*, mit der die Frohe Botschaft einhergeht? Nun, wäre er nicht dem Grab entstiegen, wäre die Wirkung seiner erlösenden Tat für die Menschheit zweifellos verloren gegangen. Die Kirche jedoch hat immer auf ihrem theologischen Standpunkt beharrt, dass die Erlösungstat als solche tatsächlich im Moment seines Todes vollbracht wurde. Boros' Darlegung dieses Moments des Nadelöhrs verleiht der traditionellen Intuition der Kirche in diesem Punkt ein beträchtliches neues theologisches Gewicht.

Wenn Jesus Christus sowohl »vollkommen Göttlich« als auch »vollkommen menschlich« ist – wie es die Kirche seit

39. Ebenda, Seite 183.

dem Konzil von Chalcedon im Jahr 451 immer gelehrt hat –, dann entfaltet sich sein Leben, wie das aller Menschen, unter dem Einfluss der »zwei Daseinskurven«, mit denen wir uns in Lektion 5 beschäftigt haben. Seine anfängliche Lebenskraft bricht hervor, erreicht im frühen Erwachsenenalter einen Höhepunkt und lässt dann langsam nach. Gleichzeitig leuchten die zunehmende Tiefe und Fülle seines bewusst integrierten Personseins immer heller. All dies erreicht er in seinem *menschlichen* Leben, auf derselben Reise, die wir alle machen.

Im Augenblick seines Todes wird er, wie alle Menschen, in diesen Moment totalen Ausgeliefertseins geworfen, der durch eben diese Transparenz auch ein Moment der totalen Selbstbegegnung ist. All das, was er gesehen, verstanden, integriert, akzeptiert und ins Mark des menschlichen Lebens verwandelt hat, wird hervorgerufen, wenn auch er in das Nadelöhr des Todes eintritt und seine endgültige Entscheidung trifft.

Doch bei ihm handelt es sich nicht um irgendeinen alten Menschen, sondern um den Sohn Gottes, der auch die vollkommen Göttliche Natur in sich trägt. Dies vergrößert das kosmische Ausmaß der Entscheidung gewaltig. In diesem Moment des totalen Ausgeliefertseins, wenn der gänzlich menschliche Gott dem gänzlich göttlichen Gott begegnet und in völliger Freiheit seine Wahl trifft, heilt dieses dem »Ja« antwortende »Ja« eine zerklüftete Bruchlinie, welche die Schöpfung seit ihrem Ursprung durchzieht, vielleicht die Bruchlinie der Endlichkeit selbst. Boros lässt diese kosmische Versöhnung in einem Abschnitt von überragender lyrischer Pracht aufleben:

> Dieser Vorhang riss beim Tode Christi entzwei, um uns zu zeigen, dass der ganze Kosmos im Augenblick der vollzogenen Erlösungstat Christi sich der Gottheit öffnet, Gott entgegenspringt wie die Knospe einer Blume. Bei seinem siegreichen Niederstieg in das innerste Innen

> der Welt hat der Gottessohn die ganze Welt aufgerissen und sie gottdurchsichtig, ja heiligkeitsträchtig gemacht.[40]

Im Augenblick seines Todes vereinen sich die beiden Naturen Christi wieder in einer einmaligen, alles vergebenden Umarmung, die durch die gesamte geschaffene Ordnung widerhallt und die Welt buchstäblich auf ein neues Fundament stellt.

Von dort ist es nur noch ein kleiner Schritt zur *allkosmischen Gegenwart.* Wie Boros bereits ausführte, bedeutet der Tod keine Trennung, sondern eine wesenhaftere Materienähe, sodass der ganze Kosmos nun buchstäblich zum »Leib Christi« wird – nicht bloß zum Gefäß, sondern zum *Sakrament* seiner fortwährenden Gegenwart unter uns.

»Vielleicht könnten wir so besser erklären«, sinniert Boros, »warum unsere Welt so tief und geheimnisvoll von der Wirklichkeit Christi erfüllt ist.«[41]

Egal, ob Sie persönlich nun die Welt als »so tief und geheimnisvoll von der Wirklichkeit Christi erfüllt« erleben oder nicht; Boros' universellere Botschaft lautet, dass wir nicht in einem schroffen, empfindungslosen Universum leben, sondern in einem heiligen und zarten und von oben bis unten von Göttlicher Hilfe durchströmten. Durch welche menschliche Hand auch immer uns diese Hilfe erreichen mag, sie ist da, um für uns die Lücke zu schließen, während wir uns mutig und gelassen darauf vorbereiten, uns unserem eigenen Tod zu stellen.

Fragen zur Reflexion

1 Hat Sie die Behauptung überrascht, dass unsere kosmische Versöhnung nicht in erster Linie durch Christi Auferstehung, sondern durch seinen *Tod* vollbracht wird?

40. Ebenda, Seiten 183–184.
41. Ebenda, Seite 183.

Inwieweit hilft Ihnen die Darlegung von Boros, diese aufregende Erklärung zu verstehen?

2 Oberflächlich betrachtet sind die Kreuzigung und der Tod Jesu lediglich eine weitere »routinemäßige« politische Hinrichtung, eine von ungezählten Tausenden in der blutbefleckten Geschichte der Menschheit. Wie kann dieses auf tragische Weise gewöhnliche, menschliche Ereignis ein solches, vermeintlich kosmisches Gewicht haben – oder kann es das gar nicht? Macht das Christentum hier womöglich Ansprüche geltend, die maßlos übertrieben sind, oder entfaltet sich darin tatsächlich gleichzeitig eine kosmische Dimension, die diese christliche Kernvorstellung rechtfertigt? Rufen Sie bei Ihrem Darüber-Nachdenken bitte nicht einfach nur das ab, was Sie vielleicht im Katechismusunterricht gelernt haben; erforschen Sie Ihr eigenes Herz, schauen Sie, was es Ihnen dazu zu sagen hat.

3 Stimmen Sie zu, dass die Welt »so tief und geheimnisvoll von der Wirklichkeit Christi erfüllt ist«? Haben Sie jemals eine persönliche Erfahrung dieser Wirklichkeit gemacht? Wie würden Sie diese beschreiben?

4 Muss es ausschließlich *Christus* sein, oder kann sich diese Präsenz auch in anderen menschlichen Boten zeigen? Oder ist Christus sogar ein universeller Name für die Göttliche Gegenwart, die sich in *irgendeiner* endlichen Form manifestiert?

5 Wie sähe ein Tag aus, an dem wir so lebten, als *sei* unsere Welt wirklich der heilige Leib Christi? Inwiefern hätte dies einen Einfluss darauf, wie Sie durch Ihren Alltag gehen, Ihre Geschäfte führen, mit anderen in Beziehung treten, Ihre Aktivitäten auswählen oder Ihren Abfall entsorgen? Probieren Sie es aus, wenn Sie Lust dazu haben! Falls Sie

Christus durch einen anderen kosmischen Diener Ihrer Wahl ersetzen möchten – *Genehmigung erteilt!*

Spirituelle Übung

Nichts löst dermaßen schnell »Leid schaffende Emotionen« aus wie das Sich-Verfangen in Vorlieben und Abneigungen. In der letzten Woche haben wir mit der Willkommensübung gearbeitet als einer Möglichkeit, Energie wieder freizusetzen, sobald sie sich in körperlichem Schmerz oder negativen Emotionen verfangen hat. Diese Woche werden wir auf eine andere Art und Weise mit Vorlieben und Abneigungen arbeiten: als einem Tor zur direkten Wahrnehmung unseres tieferen Selbsts. Auch diesmal wird sich die gesamte Lehre über drei Lektionen entfalten.

Ihre Aufgabe für heute besteht einfach darin, für Vorlieben und Abneigungen aufmerksam zu sein, die in Ihrem täglichen Leben auftreten. Wie oft äußern Sie eine Präferenz oder ein Urteil (beides sind subtilere Formen von Vorliebe und Abneigung) oder gehen instinktiv auf das zu, was Ihnen gefällt, und halten sich fern von dem, was Ihnen missfällt? Die meisten Menschen handeln so, und daran ist auch nichts auszusetzen, allerdings ist es *mechanisch.* Eine größere Freiheit ist diesbezüglich möglich.

Versuchen Sie nicht, Ihr Verhalten zu ändern; beobachten Sie es einfach und zwar eher mit Neugier als mit Selbstkritik. Doch während Sie dies tun, versuchen Sie, aufmerksam genug zu sein, um Folgendes zu bemerken: Was geschieht mit Ihrem *Gleichmut,* wenn Sie in Vorlieben und Abneigungen verstrickt sind? Was geschieht mit Ihrer *Aufmerksamkeit,* wenn Sie sich in Vorlieben oder Abneigungen verfangen?

Diese Übung wird die größten Früchte tragen, wenn Sie Ihre tägliche Meditationspraxis fortsetzen, diese jedoch mit einigen Momenten bewusster innerer Entspannung beginnen. Nehmen Sie sich etwas Zeit dafür, wirklich in Ihrem Körper zu sein und die Stellen zu bemerken und zu entspannen, in denen Sie normalerweise verspannt sind. Verweilen Sie ruhig und ganz in sich selbst, wenn Sie mit Ihrer Meditation beginnen. Dadurch schaffen Sie einen Vergleichszustand als Ausgangspunkt und bemerken schneller, wenn Sie daraus von etwas abgelenkt werden.

Lektion 11

Stirb, bevor du stirbst

Wenn ich Boros richtig verstehe, sagt er, dass wir nicht *in Gänze* sterben können, bevor wir sterben. Der Tod als solcher ist ein derart radikaler, einmaliger Übergang, dass es unmöglich ist, ihn vollständig »im Voraus zu bezahlen«, auch nicht durch die drastischste spirituelle Praxis. Er wird immer sein eigenes Überraschungsmoment mit sich bringen und seine eigene einzigartige Weise, seine letzte Gabe zu gewähren: die Vollendung unseres menschlichen Personseins.

Auch wenn wir den Prozess möglicherweise erst im Augenblick unseres Todes *vervollständigen* können (und die diesbezüglichen Meinungen unterscheiden sich in den spirituellen Traditionen), stimmen alle heiligen Überlieferungen in einem Punkt überein: Der Gang, der uns aufwärts zum und durch das Nadelöhr unseres Todes führt, lässt sich in seinem Kern einüben. Statt einfach von den Stürmen des Lebens durchgeschüttelt zu werden, können wir uns aktiv dafür entscheiden, die Übergänge und Hindernisse auf unserer menschlichen Reise zu nutzen, um diesen inneren Gang zu perfektionieren. Darin liegt die grundsätzliche Bedeutung des »Stirb, bevor du stirbst«, und sicherlich ist dies die grundlegende Botschaft im Buch von Ladislaus Boros.

Als christlicher Theologe nennt Boros diesen innersten Gang oder Antrieb *Kenosis,* selbstentäußernde Liebe. In anderen Traditionen heißt sie »Hingabe«, »Loslassen«, »Nichtverhaftetsein« oder »Zustimmung«. All diese Begriffe sind Finger, die auf denselben Mond zeigen. Wir üben sie, idealerweise ein Leben lang, indem wir

(1) lernen, uns den neuen und unvermeidlichen Übergängen unseres Lebens zu stellen, und zwar nicht dadurch,

dass wir das uns vertraute Selbst energisch bestätigen, sondern indem wir die neue Person, zu der wir durch diesen Übergang werden, wissbegierig und ruhig annehmen,

(2) lernen, eingeschliffene Gewohnheiten, Vorlieben und Reaktionsmuster, die uns an das alte Ich ketten, zu erkennen und loszulassen und uns bewusst eine Selbstheit anzugewöhnen, die immer weniger feste Bezugspunkte aufweist, und

(3) lernen, vor scheinbarem Verlust nicht zurückzuschrecken,

und indem wir, während sich die Entfaltung auf einem noch subtileren Terrain fortsetzt,

(4) lernen zu vertrauen – und zunehmend *persönlich bestätigen zu können* –, dass dieser innere Antrieb nicht einer Schwäche entspringt, sondern aus einer unbesiegbaren inneren Stärke herrührt, die direkt aus dieser kenotischen Quelle strömt, und

(5) lernen, den Ort in uns zu entdecken, der bereits jenseits des Todes lebt, und dort nach und nach den Sitz unserer Identität zu errichten.

Diese erste Phase des »Stirb, bevor du stirbst« handelt vom Sterbenlassen des egoischen Selbsts, das heißt nicht bloß des »sündigen Eigensinns« und unserer körperlichen Begierden, sondern des gesamten Empfindens einer falschen Sicherheit, das erzeugt wird durch unser Verhaftetsein im physischen Körper als dem Sitz der Identität unserer Persönlichkeit.

Später, wenn diese Übung uns noch tiefer in das Mysterium des Selbstseins hineinträgt, werden wir vielleicht sogar erkennen, dass hinter dem Tod des Egos ein weiterer Tod wartet, der sogar noch umfassender und subtiler ist und uns über das selbstreflexive Bewusstsein hinausführt, das unser Trugbild einer getrennten Selbstheit überhaupt erst entstehen lässt. Als sich Thomas Keating gegen Ende des Lebens diesem Zustand näherte, schrieb er in seiner allerletzten Lehre, *The Secret Embrace:* »Gibt es kein ›mich‹, ›mir‹ oder ›mein‹ mehr, // Bleibt nur ›ich bin‹. // Danach mag das ›ich‹ wegfallen // Und nur das ›bin‹ verbleibt.«[42]

Boros deutete verschiedentlich noch eine weitere Möglichkeit an, die zwar von gewissen inneren Traditionen gelehrt wird, für einen christlichen Theologen aber dennoch radikal anmutet: nämlich dass der kenotische Weg nicht nur unsere Haltung zum Tod vorbereitet, sondern auch direkt dazu beiträgt, diesen »Ort« in uns, »der bereits jenseits des Todes lebt«, zu aktivieren und das Selbst zu gebären, das diesen Ort rechtmäßig bewohnen kann.[43] Wie ich bereits erwähnt habe, bezeichnet Boros dieses Selbst als »Person« und stellt klar, dass diese Person weder die Seele noch eine lediglich bereinigte Version des vertrauten Ego-Selbsts ist, sondern eine alchimistische Neuschöpfung, die durch bewusste Aufmerksamkeit gebildet wird. Auffallend sind auch die verblüffenden Ähnlichkeiten zwischen dem, was Boros »Person« nennt, und dem, was die inneren Traditionen als »zweiten Körper« bezeichnen, jene subtilere und dauerhaftere

42. *The Secret Embrace* ist eine Sammlung von acht Haiku-ähnlichen Gedichten, die Thomas Keating kurz vor seinem Tod 2018 verfasste. Diese sind abgedruckt und kommentiert in dem Portrait CYNTHIA BOURGEAULT: *Thomas Keating: Die Lebensreise eines modernen christlichen Mystikers,* Xanten: Chalice Verlag, 2025, Seiten 79–140 [A.d.Ü.].

43. Zum Beispiel: »Und doch lebt er [der Heilige] durch die Hoffnung bereits in einem Jenseits des Todes; sein Inneres ist unverweslich« (LADISLAUS BOROS: *Wir sind Zukunft,* Gesamtausgabe, Band 4, Seite 181), oder: »Und doch bestehen wir schon jenseits des Todes, unser Inneres ist schon unverweslich« (*Essays und Artikel 1958–1963,* Gesamtausgabe, Band 10, Seite 163) [A.d.Ü.].

Selbstheit, die unseren physischen Tod überlebt. Auch wenn Boros diesem letzten Punkt nicht notwendigerweise zustimmen würde, verlaufen die Flüsse hier doch sehr dicht beieinander.

Letzten Endes können wir nicht sicherstellen, dass wir einen bewussten Tod sterben werden. Eine Gewissheit, dass wir zu diesem letzten Moment unseres menschlichen Lebens wach, bewusst und in spiritueller Höchstform auflaufen werden, gibt es nicht. Und meiner Meinung nach ist es auch ein Missbrauch der spirituellen Praxis, eine solche Erwartung damit zu verknüpfen, also anzunehmen, dass wenn wir uns in der Tretmühle des »Stirb, bevor du stirbst« fleißig abmühen, wir unserem Augenblick der Endentscheidung in bewusster Achtsamkeit und vollkommener Seinspräsenz begegnen werden. Letztendlich ist es eine Wildcard, wie wir sterben werden. Selbst die fortgeschrittensten spirituellen Praktizierenden können Alzheimer zum Opfer fallen oder im Koma oder unter unerträglichen körperlichen oder psychischen Schmerzen sterben. Ein malerisch-perfektes Ende (zumindest von dieser Seite der Schwelle aus betrachtet) ist kein garantiertes Ergebnis.

Und doch tritt genau hier das verborgene Wirken des »Stirb, bevor du stirbst« ein, um uns mit Hilfe der Gnade zu tragen. Ich kann nicht mit Sicherheit sagen, dass »ich« ein bewusster Teilnehmer an meinem eigenen Tod sein werde. Doch dieses andere, dieses tiefere Personsein, das im Laufe meines Lebens langsam in mir herangewachsen ist, wird bewusst bleiben – »Ich schlafe, aber mein Herz wacht«, wie es das Hohelied [5.2] so wunderbar ausdrückt. *Darauf* können wir vertrauen. Und dieses tiefere Personsein, das sich im Laufe des Lebens in jedem von uns gebildet hat, wird uns durch den Moment tragen, den das vorläufige Selbst nicht länger kontrollieren kann, und es wird für uns das »Ja« aussprechen, das »Ja«, das wir in der Aufrichtigkeit und Treue unserer menschlichen Reise bereits im Voraus bezahlt haben.

Fragen zur Reflexion

1 In allen geistigen Traditionen haben Lehrerinnen und Lehrer unter vielerlei Begriffen von dieser universellen spirituellen Haltung gesprochen: »Loslassen«, »Zustimmen«, »Hingeben«, »Lösen«, »Nichtverhaftetsein«, »sich einer höheren Macht anvertrauen«. Hallen einige dieser Begriffe mehr als andere in Ihnen wider? Welche und warum?

2 Normalerweise assoziieren wir mit »Hingabe« oder »Auslieferung« *Schwäche:* die Kapitulation vor einer überlegenen und oft feindlichen Macht. Inwiefern kann der Begriff aber als Akt spiritueller Stärke verstanden werden? Haben Sie solch eine Erfahrung bereits gemacht?

3 Wie ergeht es Ihnen persönlich mit dem »Curriculum« der oben aufgeführten fünf Punkte zur Beherrschung der sanften Kunst der bedingungslosen Zustimmung? Welche Punkte fallen Ihnen einigermaßen leicht? Welche beinhalten für Sie eher eine Anstrengung oder einen Kampf?

4 Glauben Sie, dass die wahre Frucht dieser Übung im Loslassen selbst liegt oder in der Vertiefung des Vertrauens, das daraus zu wachsen scheint?

5 Haben die letzten zwei Jahre der Pandemie diese Haltung des »Loslassens« in Ihnen verstärkt oder erschüttert? Welchen nächsten Schritt sehen Sie auf Ihrem Weg?

Ein Abschnitt zur tieferen Reflexion

Im Laufe der Jahre habe ich in der folgenden Osterreflexion von John G. Bennett, einem Lehrer des Vierten Weges, tiefen spirituellen Trost gefunden. Ich möchte Sie bitten, im Licht der aktuellen Lektion und im Versuch, noch tiefer in die mysteriöse wechselseitige Dynamik zwischen »Loslassen« und »Vertiefung des Vertrauens« einzutauchen, darüber nachzudenken:

> Jeder, der seinen eigenen Zustand kennenzulernen und zu studieren beginnt, wird sich bewusst, dass unsere Erfahrung ein dauerndes Sterben und Wiedergeborenwerden ist. Es muss uns nicht erschrecken, wenn wir dies erkennen, obwohl es wirklich beängstigend ist, dass wir keine Kraft haben, unser eigenes Leben festzuhalten und dass es durch etwas, das nicht von uns selbst stammt, erneuert oder uns zurückgegeben werden muss.
>
> Doch sogar dann, wenn wir die Hilflosigkeit sehen, mit der wir just in dem Moment in Selbstvergessenheit verfallen, in dem wir mit äußerster Kraft versuchen, an uns selbst festzuhalten, müssen wir lernen, darauf zu vertrauen, dass es etwas gibt, das uns zurückrufen kann und dies tatsächlich auch tut. Und wenn es uns morgens aus dem Schlaf der Nacht zurückruft, wird es uns auch aus jenem anderen Schlaf zurückrufen, in den wir eintreten werden, dem Schlaf des Todes.[44]

Spirituelle Übung

Heute werden wir das nächste Puzzleteil hinzufügen, indem wir lernen, wie man Verantwortung für die eigene »Atmosphäre« übernimmt und diese aufrechterhält. Diese Übung stammt aus der Gurdjieff-Arbeit und besteht aus zwei Teilen. Der erste Teil ist während Ihrer Zeit der Sitzmeditation zu

44. Aus John G. Bennett: "Resurrection" in *Impressions*, Quarterly, Claymont Society for Continuous Education, Charles Town, West Virginia, Mai 1963.

üben; der zweite Teil entfaltet sich, während Sie Ihren täglichen Aktivitäten nachgehen.

Erster Teil

1. Setzen Sie sich bequem auf einen Stuhl mit aufrechter Lehne oder auf Ihr Meditationskissen, bringen Sie Ihren Körper in einen Zustand entspannter Wachsamkeit und achten Sie im Speziellen darauf, dass Augen, Mund und Kiefer sowie all die Stellen in Ihrem Körper entspannt sind, in denen Sie normalerweise angespannt oder verkrampft sind.

2. Lassen Sie Ihr Denken und Ihre Gefühle ebenfalls abklingen. Ermöglichen Sie es Ihrem ganzen Wesen, zur Ruhe zu kommen.

3. Wenn Sie sich ruhig und entspannt fühlen, stellen Sie sich vor, dass Sie von einer Atmosphäre umgeben sind, die sich von Ihnen aus etwa einen Meter in alle Richtungen ausdehnt – über und unter Ihnen, zu Ihrer Rechten und Linken, vor und hinter Ihnen. Stellen Sie sich vor, dass diese Atmosphäre die Form einer Kugel annimmt, sobald Sie sich in einem vollkommen ruhigen Zustand befinden. (Anmerkung: »Vorstellen« ist hier nicht identisch mit »visualisieren«; es geht darum, dass Sie diese kugelförmige Ausdehnung der Atmosphäre tatsächlich *spüren,* während der Sitz Ihrer Aufmerksamkeit stabil im Solarplexus-Bereich verankert ist. Sie laden diese Kugel sanft ein, präsent zu werden.)

4. Bemerken Sie, wie jegliche Gedanken, innere Unruhe, Vorlieben und Abneigungen diese perfekt kugelförmige Form verzerren und Ihre Atmosphäre in die Richtung verbiegen, in die der Gedanke sie zieht. In dieser Meditationsphase geht es darum, diese Atmosphäre so rund wie möglich zu halten. Lassen Sie keine Gedanken oder gefühlsmäßige Er-

regung über diesen Radius von einem Meter hinaus entweichen, sondern bleiben Sie sanft in dieser Atmosphärenkugel.

5. Üben Sie dies während der zwanzig Minuten Ihrer normalen Meditationszeit. Wenn Sie das Gebet der Sammlung praktizieren, beachten Sie, wie das Loslassen eines Objekts der Aufmerksamkeit (insbesondere eines gefühlsmäßig aufgeladenen) Ihre Atmosphäre in diesen Zustand sanfter Rundheit zurückversetzt.

Zweiter Teil

Während Sie heute Ihrer Arbeit in der Welt nachgehen, achten Sie auf die »Verantwortung für Ihre Atmosphäre«. Versuchen Sie, die Atmosphäre ruhig, gesammelt, leicht gerundet und unter Ihrer bewussten Führung zu halten. Befinden sich solche Atmosphären in einem gesammelten Zustand, können sie sich gegenseitig durchdringen, in Kohärenz kommen und größere Einheiten spiritueller Übertragung und Erkenntnisse bilden. Durch den Einfluss innerer Pläne und Dringlichkeit aufgewühlte Atmosphären sind dazu nicht imstande. Sie kommen einander in die Quere und bringen sich gegenseitig wie auch das kollektive Energiefeld durcheinander.

Lektion 12

Gibt es ein Leben nach dem Tod?

Das Allerwichtigste am Sterben vor dem Tod ist, dass es uns die Freiheit verschafft, vollständig im Hier und Jetzt zu leben.

Dies können wir nicht, solange die Angst vor dem Tod noch immer Macht über uns hat. Vor aller Augen oder heimlich werden wir am Ende immer dahin zurückfallen, unsere eigene Haut retten zu wollen. Wenn allerdings das Schlimmste, was uns passieren kann, unser Tod, *bereits geschehen* ist, gibt es nichts mehr, das uns daran hindern könnte, zu lieben und Güte und Mut zu verbreiten. Wir gehen dorthin, wohin uns das Gewissen ruft. Weder Terror noch Tyrannei können uns abschrecken.

Das ist kein waghalsiger Mut im Sinne einer Angeberei nach dem Motto: »Nichts kann mich umbringen!« Es ist vielmehr der Mut oder die Beherztheit, den »Weg des Herzens« zu gehen (der im französischen *courage* anklingt), also dorthin, wohin die Liebe uns führt: einen Aussätzigen zu umarmen, wie es der heilige Franziskus tat; die Hand eines geliebten Menschen an einem Beatmungsgerät zu halten; »den Mächtigen die Wahrheit zu sagen«, wie es die Quäker ausdrücken; und im Allgemeinen: frei zu sein, sich immer so zu verhalten, wie es der Bezeichnung »Mensch« angemessen ist. Es ist der moralische Klebstoff, der unsere Welt zusammenhält.

Sein ganzes Buch hindurch versucht Ladislaus Boros, mit mystischer Anmut und theologischer Schärfe uns darin zu unterstützen, uns aus unserer Gefangenschaft des Todes zu befreien – das heißt aus unserer *Angst* vor dem Tod, denn das ist die einzige Gefangenschaft, die es gibt. Er hilft uns dabei, uns den Tod nicht als einen fremden Eindringling vorzustellen, sondern als die endgültige Gesamtsumme unserer menschlichen Reise, auf die wir unser ganzes Leben hingearbeitet haben. Er lädt uns ein, darauf zu vertrauen, dass die gleichen spirituellen Qualitäten, auf die wir zurückgegriffen haben, um jene früheren Übergänge auf unserer Lebensreise zu meistern (Vertrauen, Offenheit und Zustimmung), uns noch einmal zur Verfügung stehen werden, um uns durch diesen allerletzten Durchgang zu führen.

Implizit sagt er, es seien diese Qualitäten des Vertrauens, der Offenheit und der Zustimmung, die in uns etwas zu erschaffen beginnen, das *Person* genannt wird und das weder Körper noch Seele ist, sondern das alchimistische »Dritte« zwischen ihnen,[45] die wahre Frucht unserer bewussten Arbeit hier auf der Erde. Lassen wir uns auf dieses Neuentstehende ein, ist das nicht bloß eine tugendhafte spirituelle Haltung, sondern auch ein mächtiger spiritueller Katalysator, der in uns aktiv einen »zweiten Körper« aufbaut, nämlich den Körper, der bereits jenseits des Todes lebt und uns durch das Nadelöhr tragen wird, wenn unser irdischer Körper nichts mehr kontrollieren kann.

Der Tod ist ein tiefgreifender Abriss unserer menschlichen Identität, einer Identität, die tatsächlich in der symbiotischen Einheit von Seele und Körper verwurzelt ist. Allerdings geht dieses tiefere »verwirklichte« Personsein dabei nicht verloren. Noch nicht einmal der physische Körper geht unwiderruflich verloren, denn seine Schönheit und Weisheit wurden für immer in die alchimistische Neuschöpfung hineingefaltet, von wo aus er auch weiterhin den charakteristischen Duft unseres Seins beitragen wird.

Überaus zentral ist die tiefsinnige Versicherung Boros', dass der Augenblick des Todes sich im Reich der Liebe entfaltet und sich nach demselben Manuskript abspielt: als *radikale*

45. *Mysterium mortis,* Seite 113.

Kenosis. Sowohl in der Liebe als auch im Tod geht die totale Selbstentäußerung in der totalen Selbstausgießung auf, sodass beides zu einer einzigen Haltung wird. Unsere Vorstellung vom Tod als abstoßend und schrecklich ist ein Trugbild, das vor allem durch unseren eigenen Widerstand erzeugt wurde. Indem wir dem kenotischen Antrieb freien Lauf lassen, entdecken wir, dass der Tod etwas ist, das unser Herz bereits unser ganzes Leben lang geprobt hat. Und während die Bedeutung uns langsam zu dämmern beginnt, können wir es der Liebe erlauben, uns auf dem letzten Schritt des Weges mitzunehmen: über die bloße »Versöhnung« mit dem Tod hinaus und zur Erkenntnis, dass wir bereits mit ihm *vertraut* sind, denn in unseren mutigsten und reinsten Momenten der Liebe war er schon immer bei uns. Wir wissen die Einzelheiten unseres Todes noch nicht, aber seinen Duft kennen wir bereits, denn es ist der Duft unseres wahren Selbsts, das im Akt der vollständigen Hingabe zu seiner Vollendung gebracht wird.

Und mit *dieser* Erkenntnis (für mich ist das die wahre Bedeutung der Aufforderung »Stirb, bevor du stirbst«) ergießt sich reine, konfliktfreie Liebe in unser Leben, und zwar mit einer Ausstrahlung, die eine echte physische Kraft ist. Sie inspiriert und segnet andere Herzen, macht sie sich geneigt. Sie ist ein echter physischer Nährstoff, den die Welt braucht, um zu gedeihen; fehlt sie, ermattet der Planet. Dies ist auch der Grund dafür, dass der christliche Glaube schon immer die Märtyrer verehrt hat – nicht weil die Kirche morbide wäre oder weil makabre Opfer das Charakteristikum einer erlösten Seele wären, sondern aufgrund der Freiheit und Klarheit, die diese heiligen Seelen verströmen durch das Sakrament ihrer kenotischen Liebe und der erstaunlichen Ausdruckskraft und des widerspruchsfreien Handelns, die sie in ihnen entfesselt.

Wir brauchen heute wieder diese Art von Heiligkeit in unserer Welt, die einzige Kraft, die sich angesichts des kollektiven Terrors und Wahnsinns behaupten kann. Die Pandemie hat auf brutale Weise gezeigt, in welch schrecklichem Ausmaß wir diese Qualität verloren haben. Doch während jeder Einzelne von uns sich sehr, sehr langsam dahin arbeitet, aufrichtig sagen zu können: »Ob wir leben oder ob wir sterben, wir gehören dem Herrn« (Röm 14.8), tragen wir gemeinsam dazu bei, diesen Vorrat an widerspruchsfreier kenotischer Liebe wieder aufzufüllen, der es uns schließlich ermöglichen wird, gemeinsam das zerschundene Gesicht unserer Menschlichkeit mit wahrem Gewissen und Hoffnung wieder zu heilen.

Gibt es also ein Leben nach dem Tod? Ja, darauf können Sie wetten. Aber es beginnt hier und jetzt.

Audio Divina

William Robinson war ein Märtyrer aus dem siebzehnten Jahrhundert, der im puritanischen Boston öffentlich gehängt wurde, weil er sich weigerte, seinem Quäkerglauben abzuschwören. Wie bei praktisch allen Märtyrern endete sein Leben mit einem tiefgründigen visionären Erguss – in seinem Fall mit dem Erschauen der schöpferischen Kraft des Göttlichen Lebens, das durch alle Dinge fließt und sie wieder miteinander verbindet. Hören Sie sich an, wie Paulette Meier, die US-amerikanische Komponistin von Quäkergesang, das wunderschöne Lied "Streams of Love" mit den Worten Robinsons singt (paulettemeier.bandcamp.com/track/streams-of-love), und lassen Sie sich mit diesen Klängen zu einigen der nachfolgenden umfassenderen Abschlussüberlegungen einstimmen.

Fragen zur Reflexion

1 Was ist die wichtigste Erkenntnis, die Sie aus der Lehre von Ladislaus Boros ziehen?

2 Hat eine der in diesem Studienkurs gewonnenen Einsichten Ihre Beziehung zum eigenen Tod oder zu dem Lebensabschnitt, den Sie gerade durchlaufen, verändert? Auf welche Weise?

3 Welche eine Sache werden Sie in Zukunft möglicherweise anders machen? Könnten Sie sich vorstellen, sich dies fest vorzunehmen?

Spirituelle Übung

Können wir eine wirkliche Kostprobe unseres zweiten Körpers unmittelbar erfahren? Ich glaube, dass dies möglich ist, und zwar durch das Medium unserer Atmosphäre und in Verbindung mit einer sehr feinen Aufmerksamkeit für unsere inneren Empfindungen. Vielleicht stellt diese Übung für einige von Ihnen eine Überforderung dar; doch dies ist unsere letzte Lektion, und so möchte ich sie einfach als eine weitergehende spirituelle Hausaufgabe für diejenigen anbieten, die dranbleiben wollen. Ich selbst habe diese Übungen hauptsächlich durch die Gurdjieff-Arbeit kennengelernt.[46]

Die Atmosphärenübung als unser Kernwerkzeug wird uns weiterhin begleiten, doch nun fügen wir eine weitere Dimension hinzu. Unsere Atmosphäre ist nicht einfach nur eine »Aura«, die sich, bestimmt vom elektromagnetischen Feld unseres Herzens, um uns herum ausdehnt. Sie ist auch eine *Gezeitenzone zwischen den Welten,* in der Emanationen zarterer und feinstofflicherer Reiche sich gegenseitig durchdringen

46. Diejenigen unter Ihnen, die an weiterführendem Material interessiert sind, als ich es im Rahmen dieses kompakten Studienkurses verwenden konnte, möchte ich ermutigen, mein Buch *Mystical Courage* oder einen meiner beiden Online-Kurse auf Spirituality & Practice nachzuschlagen: *Spiritual Practices from the Gurdjieff Work* oder *Becoming Truly Human: Gurdjieff's Obligolnian Strivings.*

und bewusst in unser subtileres Gefäß, unseren zweiten Körper, aufgenommen werden können. Normalerweise bemerken wir dies kaum, weil unsere Aufmerksamkeit zu grob und zu zentrifugal (das heißt auf die Außenwelt gerichtet) ist. Wenn wir sie jedoch bewusst nach innen richten, kann sie, wie eine Konzertmuschel, die radiale Energie unseres zweiten Körpers so weit verstärken, dass wir eine Kostprobe unserer selbst in dieser feineren, subtileren Lebendigkeit erhalten.

Das ist die innere Arbeit für heute: Führen Sie alle Schritte aus der letzten Lektion durch, um zur Ruhe zu kommen, den Körper zu entspannen und Ihre Atmosphäre zu beruhigen. Wenn dies geschehen ist, ziehen Sie Ihre Atmosphäre etwas näher zusammen – bis auf etwa 50 Zentimeter in alle Richtungen. Halten Sie sich sanft in dieser intensiv lebendigen und umgrenzten Stille. Wenn Gedanken oder irgendwelche andere Formen von Unruhe aufkommen, behalten Sie sie sanft in Ihrer Atmosphäre und lassen Sie sie allmählich abklingen. Versuchen Sie, Ihre Atmosphäre »kugelförmig« zu halten, wie eine sanfte Rundung, die Sie umhüllt, nicht wie eine Amöbe, die ihre Fühler ausstreckt. Lassen Sie das, was präsent ist, präsent sein, aber ausschließlich als direkte Empfindung, nicht als Fantasie oder Imagination.

Wenn Sie hingebungsvoll und konsequent, ohne Erwartungen oder großes Drumherum, mit dieser Übung arbeiten, werden Sie nach und nach beginnen, sich selbst als einen unverwechselbaren und feinen Duft in dieser intensiv in sich verwobenen Gezeitenzone Göttlicher Lebendigkeit zu spüren. Wertschätzen Sie das. Ich bin überzeugt, dass dies nicht nur ein Vorgeschmack, sondern eine direkte Erfahrung des Teils ist, »der bereits jenseits des Todes lebt«. Diesen in uns selbst zu bestätigen, ist eine stille Einweihung in jene größere Lebendigkeit, deren voller Kraft wir in der Stunde unseres Todes begegnen werden.

Fragen und Antworten

Frage: Gibt es etwas mehr über Ladislaus Boros zu sagen, dessen Buch *Mysterium mortis* Sie zur Grundlage dieses Kurses gemacht haben? Soviel ich weiß, trat er 1973 aus dem Jesuitenorden aus und starb 1981 in der Schweiz, erst vierundfünfzig Jahre alt.

Cynthia Bourgeault: Was ich über ihn weiß, stammt hauptsächlich aus vertraulicher Korrespondenz mit einigen wenigen seiner früheren Mitbrüder, die ihn gut kannten. Wir wissen, dass er aus der Gesellschaft Jesu austrat. Wenn man aus einem Orden austritt, lässt man quasi seine Reputation zurück und wird in gewissem Sinne zu einem Paria. Aus meiner persönlichen Erfahrung muss ich leider sagen, dass der Jesuitenorden nicht besonders wohlwollend oder entgegenkommend darauf reagiert hat, dass Boros' Schriften in den letzten Jahren wieder stärker in der Öffentlichkeit wahrgenommen wurden. Man hätte ihn wohl lieber ein bisschen aus dem Orden »verschwiegen«. Dieses Herunterdämmen von Informationen hat wohl etwas damit zu tun, wie monastische Orden funktionieren.

Frage: Wissen wir etwas Genaueres über seine Vision des Todesmoments, die Sie fast ein wenig wie eine Epiphanie beschreiben?

Cynthia Bourgeault: Nach meiner Einschätzung war dies etwas für ihn eher Untypisches. Auf jeden Fall war es sein erster großer »Download«, wenn man so will, und er schrieb die erste Fassung des Buches, wie er sagt, in etwa sechs Wochen in einem »*currente calamo* wie aus einem einzigen Wurf«. Das würde zu einem Menschen passen, der seine erste »mystische

Vision« erlebt. Denn wenn man auf diesem Gebiet etwas mehr Erfahrung hat – insbesondere, falls man mit einem spirituellen Lehrer oder einer Lehrerin zusammenarbeitet – würde einem wohl geraten werden, zunächst einmal zwölf Jahre lang darüber zu schweigen, nach dem Motto: Warte erst einmal ab, bis das Ganze sich in dir gesetzt hat und dann später in hübschen, kleinen Bonmots aus dir hervorpurzelt. Boros vermittelt den Eindruck, dass dies für ihn in der Tat eine lebensverändernde Eingebung war, und zwar eine größere, wie mir scheint, als irgendeine spätere. Er hat in seinen nachfolgenden Schriften an verschiedenen Stellen Gedanken aus *Mysterium mortis* wieder aufgenommen und weiter ausgeführt, aber diese erste große Vision war meiner Meinung nach eindeutig ein lebensverändernder Wendepunkt.

Frage: Wie lässt sich die Vorstellung einer letzten Wahl oder Entscheidung im Tod vor dem Hintergrund tragischer Sterbeumstände einordnen, wenn wir etwa an junge Menschen denken, die sich das Leben nehmen, oder an Kinder, die an einer tödlichen Krankheit leiden, oder an schreckliche Unfälle oder an Kriege wie momentan in der Ukraine? Welche Zeit bleibt da den Sterbenden?

Cynthia Bourgeault: Zunächst einmal möchte ich mit großem Nachdruck klarstellen, dass *niemand* die Frage des Todes mit letzter Sicherheit beantworten kann. Wenn man über den Tod spricht, ist es äußerst verlockend, sich im Brustton der Überzeugung in eine falsche Sicherheit hineinzureden, also kategorisch zu behaupten, so und so funktioniere es, als ob man das ultimative Handbuch zum Tod besäße. Auch Boros tendiert ein wenig in diese Richtung, zum Beispiel, wenn er sagt, nach dem Tod sei nichts Weiteres mehr möglich. Das ist im Grunde sehr vermessen und kann Menschen schaden, ganz besonders in schweren Situationen, wie sie in dieser Frage geschildert werden. Wir müssen uns immer daran erinnern, dass, wenn wir über solche Dinge reden, wir stets bloß unsere besten Vermutungen äußern. Es handelt sich immer um eine Hypothese auf Basis dessen, was wir theologisch verstehen, unserer Intuition und unserer persönlichen Komfortzone rund um eine große Unsicherheit.

Wir tun damit also unsere besten Vermutungen kund, aber es braucht deutliche Warnhinweise auf allen vier Seiten der »Produktverpackung«, damit die Menschen *niemals* ihre eigene intuitive Vorstellung darüber, was geschieht, für etwas aufgeben, das sie in irgendeinem Buch gelesen haben. Mir persönlich ist bei der Arbeit an diesem Studienkurs klargeworden, dass ich hier in erster Linie darlege, wie Ladislaus Boros diese Dinge interpretiert, und nicht unbedingt so, wie Cynthia Bourgeault sie sieht. Er ist diesbezüglich weitaus kategorischer, als ich es bin.

Betreffend der Frage nach der Zeit: Unser Zeitgefühl in dieser Welt ist absolut irrelevant für die göttliche Zeit. Je näher wir dem kommen, was man metaphorisch »das Herzen Gottes« nennen könnte, desto stärker kann die lineare Zeit sich zusammenziehen oder sich ausdehnen, entsprechend der Intensität dessen, was Ihnen daraus vermittelt wird. Seien Sie also äußerst gelassen in Ihrem Vertrauen darauf, dass – auch im schrecklichsten Unfalltod und in den vielen Toden, die von all dem Leid in unserer Welt verursacht werden, das man kaum noch auszuhalten vermag – die Person »empfangen« und, was gebraucht wird, »gegeben« werden wird. Machen Sie sich also darüber keine Sorgen. Ich denke, nur aus *unserer* Perspektive ist die Zeit ein Faktor.

Ich würde daher vorschlagen, diejenigen aus unserer Spekulation herauszuhalten, denen im wahren Sinn des Wortes die Zeit davonläuft, und uns bei diesem Thema vielmehr mit jenen Menschen zu beschäftigen, die voraussichtlich noch »ein paar Jährchen« vor sich haben und die sich fragen, wie sie diese Zeit am besten nutzen können.

Als Nächstes wäre dann über diese alte mythologische Vorstellung zu reden, wonach unser Leben hier quasi ein

Trainingsgelände oder eine Abschlussprüfung ist, um uns selbst zu vervollkommnen. Was wäre, wenn es nicht ganz so ist? Was wäre, wenn wir dazu hier wären, die Gnadengeschenke, die wir mit jedem unserer Atemzüge erhalten, hier auf diesem Planeten zu bezeugen, wenn uns also die Zeit gegeben wäre, um Zeugnis abzulegen?

Es gibt einige Leute, die behaupten, spirituelle Praxis sei die *Frucht* der Gnade, also in anderen Worten, nicht der *Weg* zur Gnade. Sie ist sozusagen eine Art, Danke zu sagen für und Freude auszudrücken über etwas, das uns großzügig geschenkt wurde, und damit in Verbindung zu bleiben. Denn wenn wir üben, bleiben wir mit der Quelle verbunden. Es geht nicht darum, etwas zu erhalten, was uns fehlt. Auf dieser Basis sage ich, dass für diejenigen unter uns, denen Zeit geschenkt wurde, vielleicht sogar sehr viel Zeit, es eine ganz andere Gleichung ist, als für jene, für die die Zeit plötzlich oder tragisch oder frühzeitig abläuft. Wer Zeit hat, sollte unbedingt darüber nachdenken, wie sie oder er diese Zeit möglichst kreativ nutzen kann, um diese Gnade, die uns alle erhält, zu bezeugen, daran teilzuhaben und sie mit anderen zu teilen.

Etwas möchte ich noch hinzufügen, das nicht oft genug betont wird, weil wir im Allgemeinen nur sehr verkümmerte Konzepte davon haben: Wir können auch über das Grab hinaus anderen Menschen helfen. Wenn wir unsere Lieben, die mit noch ungeklärten Angelegenheiten von uns gegangen sind – ob auf tragische Weise oder nach einem langen glücklichen Leben –, in unserem Herzen behalten, dann können unsere Liebe und unsere Sorge tatsächlich über die Reiche hinweg wirksam bleiben und ihnen in vielleicht noch nicht abgeschlossenen Aspekten ihres Wachstums helfen. Bitte zweifeln Sie nicht daran. In der christlichen Theologie betonen wir diesen Punkt leider zu wenig. Da gibt es nur das Fegfeuer, also eine Art Wartezimmer für jene, die nicht wirklich schlecht genug waren, aber eben auch nicht wirklich gut genug... Das ist in Tat und Wahrheit jedoch eine magische Übersimplifizierung eines viel, viel schöneren Konzepts einer beidseitigen Verbundenheit.

Wissen Sie, der Tod ist vollkommen transparent für die Liebe. Wenn Sie also ihre jüngere Schwester, die sich das Leben genommen hat, oder das tot geborene Baby lieben, dann senden Sie ihnen Ihre Liebe – und seien Sie nicht überrascht, wenn Sie deren Liebe zurückerhalten, vielleicht zu einem Zeitpunkt, an dem Sie es am wenigsten erwarten. Es ist eine wirklich sehr kommunikative Gezeitenzone.

Frage: Was ist mit jenen Menschen, die sich im Moment ihrer Endentscheidung *nicht* für den allkosmischen Weltbezug entscheiden? Was passiert, wenn Menschen in dem Augenblick einfach Nein sagen? Gibt es eine Theorie oder ein Verständnis über deren Schicksal?

Cynthia Bourgeault: Nun, an diesem Punkt würde ich mich von Boros verabschieden. Denn Boros bewegte sich in einem sehr viel konventionelleren oder traditionelleren katholischen Rahmen im Hinblick auf »die Erlösten« und »die Verdammten«. Ich würde sagen, seine Theorie hat diesbezüglich, also in der Frage nach Erlösung oder Verdammnis, im Prinzip lediglich die Figur des Entscheiders ausgetauscht.[47]

47. Gemäß Boros werden wir beim sogenannten Partikulargericht nicht von Jesus oder von Gott gerichtet, sondern wir selbst sind es, die – in der Endentscheidung – über uns urteilen: »Je mehr man über die letzten Wirklichkeiten menschlicher Existenz nachdenkt, umso mehr wird es einem klar, dass es ein Gericht nicht geben kann, wenigstens nicht in dem Sinn, wie man es sich gemeinhin vorstellt. Gott richtet niemanden. Er hat es nicht nötig. Es genügt vollkommen, dass Er Seine Liebe offenbart. Die innere Einstellung des Menschen zu dieser Liebe ist bereits Gericht. Darüber hinaus gibt es eine Wahrheit, die bei uns Christen zu wenig beachtet wird: Es ist peinlich und beschämend, ja kostet Überwindung, einem Freund zu sagen, er sei im Unrecht. Gott ist ein sehr vornehmer Herr. Wenn es um unsere Gegenliebe geht, dann bemüht Er Sich um uns, ja Er ist willens, Sich kreuzigen zu lassen. Wird Er es aber der Mühe

Es steckt aber noch immer recht viel von dieser Erlösungs-und-Verdammungsmentalität darin. Ohne ihm etwas in den Mund legen zu wollen, würde ich behaupten, dass er in diesen bedauernswerten Menschen [die sich für ein Nein entscheiden] wahrscheinlich etwas Ähnliches wie die ewig Verdammten gesehen hat. Sie treffen also ihre Entscheidung und sind dann so etwas wie gefroren und es geht für sie nicht mehr weiter.[48]

wert finden, uns unsere Sünden vorzuhalten? Nach einem Prophetenspruch des Islams (von den Moslems könnten wir Christen viel lernen) soll am jüngsten Tag jedem Menschen von Gott ein Brief in die Hand gedrückt werden. In diesem Brief steht: ›Was du getan hast, hast du getan. Ich schäme Mich aber, es dir kundzutun. So gehe denn. Ich habe dir verziehen.‹ Freilich macht das in einem Sinn die Sache noch schlimmer, denn der Mensch muss selber über sich urteilen« (Ladislaus Boros: *Der gute Mensch und sein Gott,* Gesamtausgabe, Band 7, Seite 265) [A.d.Ü.].

48. Zur »Verdammnis als selbstgewollter Trennung von Gott« schreibt Boros: »Mit seinem, dem klar erkannten, sich in Liebe offenbarenden Christus gegenüber ausgesprochenen Nein wirft sich der Mensch in eine unendliche Verlassenheit hinein. Im Tod wird der Mensch ganz »er selbst«, holt sich vollkommen ein und vermag so – anders als während seines irdischen Lebens – sein Wesen in einem ganzheitlichen Akt vollkommen auszuzeugen. Sagt er in diesem Moment der klarsten Freiheit sein Nein, so sagt er es mit seinem ganzen Wesen, versteift er sich ganz in diesem Neinsagen, ja wird selber zum radikalen Nein. Er wählt für immer sich selbst, muss also sich selbst in Ewigkeit aushalten, muss in alle Ewigkeit in der finsteren Leere des eigenen Daseins herumirren. Nicht als ob Christus ihm den Weg »nach außen« versperren würde! Christus nimmt sein Geschöpf liebend auf, wo und wann dieses zu ihm kommt. Der Herr stößt niemand zurück. Die Hölle ist nicht eine äußere Strafe für eine vergangene (jetzt vielleicht bitterlich bereute) Sünde. Sie ist die Sünde schlechthin, eine immer gegenwärtige, mit dem ganzen Wesen bejahte. Sie ist die Zurückweisung der Liebe Christi, ein unaufhörliches Sich-hinein-Begeben in die Gottesferne. Würde Gott aufhören, den sich Verdammenden zu lieben, so würde auch die Hölle augenblicklich aufhören, Hölle zu sein. Aber Gott kann nicht anders als lieben. Sein Wesen besteht aus Liebe. Seine Liebe ist vollkommen unabhängig davon, wie sich das Geschöpf dieser Liebe gegenüber verhält. Wir können Gott nicht

Diese Art des Denkens teile ich ganz und gar nicht. Ich stelle mir viel eher vor, dass die wahrscheinlicheren beiden Optionen der Endentscheidung die folgenden sind: entweder die Auflösung zurück in die Bestandteile oder Grundelemente des Planeten, also die natürlichen Mineralien, die Biosphäre und so weiter und so fort, oder aber eine fortgesetzte Individualität, an deren »oberen Ende« dann jene stehen, die wir als »Heilige« bezeichnen. Das sind die, zu denen wir beten: Wir beten zum heiligen Franziskus, und Franziskus taucht auf, auch wenn wir ihn nicht sehen können; und wenn wir zum heiligen Josef beten, erscheint ein anderer; und Maria Magdalena ist sehr verschieden von der heiligen Jungfrau... Wir *kennen* diese Menschen, auch wenn sie sogenannt tot sind, weil sie kosmische Individualitäten sind.

zwingen, nicht zu lieben. In dem Augenblick also, da der Verdammte seine Tat der Selbstverdammung bereuen würde, wäre er im Himmel. Aber gerade das will er nicht tun. Und darin besteht seine Hölle.

Diese selbstgewollte Trennung von Gott verursacht im frei sich Verdammenden einen tiefen Zwiespalt: eine innere Spaltung und einen Feindlichkeitszustand zum Weltgesamt. Aus diesen Spaltungen lassen sich alle Qualen der Hölle erklären, die in der Theologie unter den Begriffen von *poena damni* (Qual des Verlustes) und *poena sensus* (Qual der Empfindung) zusammengefasst sind. *Trennung von Gott:* Wenn man Gott verliert, werden die Augen blind für die Schönheit, für die Lebendigkeit, für die Fülle und für die Eigentlichkeit. *Trennung von sich selbst:* Das Wesen des geschöpflichen Geistes besteht darin, dass er sich mit seiner ganzen Wirklichkeit nach Gott sehnt; die Trennung von Gott bedingt also in ihm eine bis ins Innerste reichende Spaltung; der Verdammte hasst das Eigentlichste seines eigenen Wesens, das ihn nach Gott verlangen lässt. *Trennung vom Weltgesamt:* Die Welt besteht als leibgewordene Liebe Gottes zur Kreatur; die Schöpfung trägt überall das Bild Dessen, Den der Verdammte radikal verneint; auch ist der Mensch substanziell eingesenkt in die Welt; er verdichtet das Weltall in sich selbst. So lebt der Verdammte in einer Welt, die er als Feind empfindet, die ihn überall brennt, ihm Widerstand leistet; und dieses Brennen dringt, da der Mensch die Welt in seinem Inneren trägt, bis in die verborgensten Fasern der menschlichen Wirklichkeit« (LADISLAUS BOROS: *Erlöstes Dasein,* Gesamtausgabe, Band 3, Seiten 282–283) [A.d.Ü.].

Ich denke, dass viele unserer lieben Verstorbenen diese gewisse Art sanfter Gegenwart besitzen. Sie haben nicht jene ausgeprägte Individualität von Heiligen, aber sie sind immer noch »da draußen« in einer Art leise antwortender Form. Als mein erster Ehemann vor vielen, vielen Jahr starb, war es, als sei er irgendwie verschwunden. Erst kürzlich habe ich bemerkt, dass er auf eine sehr leichte Weise noch immer in meinem Leben präsent ist und irgendwie ab und zu »vorbeischaut«. Es ist, als ob unsere Sorgen oder irgendwelche überraschenden Ereignisse eine kleine Nische in dieser ganzen Textur erwärmen würden, in welcher wir dann die Gegenwart dieser Verstorbenen wieder erfahren können. Ich glaube also, dass die meisten von uns in einer Art veränderlichen Form existieren werden, irgendwo zwischen permanenter Individualität und Entmaterialisierung. Das ist meine Vermutung.

Ich glaube nicht, dass Gott uns zu Schmerz und Folter und all dem Zeugs verurteilen und gewaltsam Familien von ihren Kindern trennen wird, und an all die Sachen, die uns in unserer Kindheit dermaßen verängstigt haben.

Frage: Ist diese letzte Entscheidung wirklich einmalig und endgültig? Und haben wir tatsächlich nur einen einzigen Versuch?

Cynthia Bourgeault: Ich selbst glaube das nicht. Es scheint, dass Boros das glaubte. Aber ich weiß nicht, ob es seine traditionelle Theologie war, die ihn zu dieser Annahme gebracht hatte; er war zur Zeit seiner Vision noch relativ jung und stand dementsprechend vielleicht noch etwas stärker unter diesem theologischen Einfluss. Auf jeden Fall sind seine Theologie und seine Lektüre nach seiner Vision viel abenteuerlicher geworden, und dann vertiefte er sich in die Schriften Teilhard de Chardins, den er 1958 in Paris kennengelernt hatte. Vielleicht hat er später die Entschiedenheit dieser Aussage etwas überarbeitet.

Meiner Ansicht nach geschieht diese Entscheidung, wenn es denn eine solche Endentscheidung gibt und wir nur einen einzigen Versuch haben, auf einer Ebene, die tiefer liegt als die der bewussten Wahl. Viele Menschen sind nun einmal im Moment ihres Todes schlicht nicht mehr bei Bewusstsein. Daher muss das, was diese Wahl trifft, etwas Tieferliegendes sein als unser bewusster Verstand, der sich zu Lebzeiten so sehr angestrengt hat, sich zu vervollkommnen. Es hat, glaube ich, viel mehr mit einer tiefen Urvertrautheit, mit ganz grundlegenden Mustern, zu tun. Ein Teil dessen, was wir vom Kosmos – Sie können auch sagen »von Gott« oder »von Christus« oder woher auch immer – erhalten oder was er uns schenkt, ist ein großer Wunsch, dass wir gedeihen und zur Blüte gelangen und so viel wie möglich bezeugen mögen.

Wann immer wir nach einer Verkrampfung wieder zugänglich werden, nach einer Niederlage wieder neu beginnen, nach einer Hartherzigkeit wieder vergeben, öffnet sich der Weg augenblicklich. In Wirklichkeit bedeutet dies: Die Liebe überwindet alles. Und weil es die Natur der Liebe ist, alles neu zu machen, glaube ich, dass es keinen Grund zur Verzweiflung gibt. Ich meine, wir alle versagen manchmal. Wer ist schon durchs Leben gekommen ohne das eine oder andere ungeheuerliche Scheitern? Würden wir für unser Versagen verurteilt, landeten wir alle in der Hölle. Was wirklich zählt, ist, wie wir in den Momenten, in denen alles verloren scheint, wieder zu uns kommen, wie wir hoffen, wie wir uns aufrappeln und neu ausrichten, wie wir das annehmen, was uns auf wundersame Weise geschenkt wird. Und ich glaube, nichts geht jemals verloren.

Diese Lehren funktionieren am besten, wenn wir sie als hilfreiche Wegweiser verstehen, um in Richtung eines Zieles voranzukommen, das wir für unser Leben als erstrebenswert erachten. Den meisten Menschen werden sie helfen, ein reicheres, vertrauensvolleres, großzügigeres und lebendigeres Leben zu führen. Das wird dann, wenn man so will, nicht nur unsere Chancen beim »Glücksspiel« jener Endentscheidung erhöhen, sondern uns das Leben auch mit viel mehr Dankbarkeit leben lassen und es schon hier und jetzt zu einem Ausdruck von Wahrheit und Güte machen. Wieso sollten wir nicht schon zu unseren Lebzeiten im Strom des Lebens schwimmen?

Frage: In Lektion 6 haben Sie davon gesprochen, dass die bewusste Teilhabe am Leben, also das Bewusstsein, die dritte Kraft im Sinne Gurdjieffs sei. Aber wie können wir bewusster werden, wenn wir ständig quasi auf Autopilot geschaltet sind?

Cynthia Bourgeault: Die dritte oder versöhnende Kraft ist immer situativ. Nach dem Gesetz der Drei ist jedes Neuentstehende eine Kombination aus der bejahenden Kraft (zum Beispiel der Kraft, die eine Bewegung anstößt), der verneinenden Kraft (die die Bewegung zurückstößt) und etwas Drittem (ich nenne es den »X-Faktor«), das es den beiden überhaupt erst ermöglicht aufeinanderzutreffen, sodass eine Synthese oder ein Neubeginn entstehen kann. In Boros' Gleichung, könnte man sagen, übernimmt das Bewusstsein die Rolle des X-Faktors zwischen der Lebenskraft, die immer weiter voranschreiten will, und der Wirklichkeit des Todes, der sie zurückstößt. Wenn uns das klar wird und wir anfangen, unser Leben bewusster zu leben, gelangen Leben und Tod in eine veränderte Beziehung zueinander und daraus kann sich eine neue Synthese ergeben.

Aber ich würde nicht sagen, dass das Bewusstsein generell der X-Faktor oder die dritte Kraft ist. Diese Funktion kann jeder beliebigen Sache zukommen, die es zwei Kräften ermöglicht, sich zu begegnen und zum Guten oder zum Schlechten voranzukommen, denen dies bisher nicht möglich war oder zwischen denen es zum Stillstand gekommen ist. Wenn jemand glaubt, dieser X-Faktor sei stets etwas Positives, gebe ich gerne das Beispiel von Nazi-Deutschland.

Dort war Hitler der X-Faktor. In der Weimarer Republik in den 1920er-Jahen steckte Deutschland im Stillstand zwischen den politischen und ökonomischen Polaritäten. Als Hitler hinzukam, elektrisierte dies das Land, und was das auslöste, wissen wir alle. Natürlich ist es immer besser, wenn diese dritte Kraft sich bewusst auswirken kann statt unbewusst. Aber wie auch immer, der X-Faktor oder die dritte Kraft *wird* etwas auslösen.

Was den zweiten Teil der Frage betrifft, wie wir bewusster werden können, so ist es zunächst einmal eine sehr gute Beobachtung, dass wir einen Großteil unseres Lebens auf Autopilot geschaltet sind. Dies wirklich einzusehen, ist für keinen von uns einfach. Grudjieff, der – wenn man so will – das Gesetz der Drei »entdeckt« hat, sagt sehr klar, dass wir nicht wach sind oder schlafwandeln, wenn wir nur mit *einem* unserer »Zentren« arbeiten, also nur mit dem Denk-, dem Gefühls- oder dem Bewegungszentrum. Alle drei Zentren müssen gleichzeitig aktiv sein, damit wir uns in jedem beliebigen Augenblick, und sei es beim Sitzen vor einem Computerbildschirm, der wunderschönen Lebendigkeit unserer Verkörperung bewusst sein können. Unser Körper kribbelt vor Leben, unsere Zellen pumpen Flüssigkeiten hin und her, unsere Emotionen arbeiten, unser Gehirn arbeitet, unser Magen arbeitet – es ist ein Wunder. Und uns vollständig bewusst zu sein, dass wir jetzt hier sind und alle unsere Zentren vom Leben selbst laufend Eindrücke erhalten, lässt uns die Vitalität und das Pulsieren des Augenblicks schlagartig spüren. Das wollen wir erreichen, darauf arbeiten wir hin und jeder von uns muss seine eigenen Tricks anwenden je nachdem, welcher seiner Schaltkreise gerade aus dem Gleichgewicht geraten ist. Aber wenn wir lernen, aufmerksam zu werden für den Moment, in welchem wir in den Autopiloten verfallen, wenn wir eine Sensibilität für unser Sein entwickeln, sodass wir diesen Rückfall eher wittern, als dass wir ihn verstandesmäßig herleiten müssten, dann können wir spüren, wie wir schal werden oder unser Bewusstsein abstumpft, und wir können es neu ausrichten. Das erhöht unsere Chancen immens, dasjenige mit größerer Empfänglichkeit und Unvoreingenommenheit als gute Nahrung in uns aufzunehmen, was uns der Augenblick zu geben hat. Es ist wie etwas gut kauen, bevor man es herunterschluckt.

Frage: Wie können wir Vertrauen haben und uns für die Hingabe öffnen oder uns ergeben, wenn wir nicht wirklich zu wissen vermögen, was im Tod schlussendlich geschehen wird?

Cynthia Bourgeault: Sowohl Vertrauen als auch Hingabe haben sich eine schlechte Reputation erworben, spätestens in unserer heutigen Kultur, ich würde aber sagen, eigentlich bereits seit der Aufklärung. Es ist harte Arbeit, etwas von ihrer ursprünglichen Bedeutung herüberzuretten.

Lassen Sie mich mit der Hingabe oder dem Sich-Ergeben beginnen, weil es auf eine Art etwas einfacher ist. Üblicherweise hören wir dieses Wort im Zusammenhang mit Macht und Kontrolle: Menschen, die machtlos sind und in einem Konflikt unterliegen, ergeben sich ihren Besiegern. Dort ist es also ein Akt der Schwäche, der Kapitulation, der Passivität. Im spirituellen Vokabular jedoch wird der Begriff anders verwendet, nämlich vielmehr im Sinne eines Sich-Anvertrauens einer höheren Intelligenz, einem entschieden beschützenden und barmherzigen Etwas, das uns umgibt. Wir reden hier von einem Universum, das nicht rau und empfindungslos ist, sondern von Zärtlichkeit durchdrungen und fürsorglich. *Dem* ergeben wir uns. Wir begreifen, dass, wenn wir uns selbst nicht im Weg stehen, uns eine Barmherzigkeit entgegenströmt. Das Wort »Barmherzigkeit« bedeutet in seiner alten semitischen Wurzel »Schoß«.[49] Es gibt also eine Plazen-

49. Das häufig mit »Barmherzigkeit« übersetzte hebräische Wort *raḥamīm* ist eng verwandt mit dem Begriff für »Mutterleib«; der islamische

ta von fürsorglicher Zartheit, Intelligenz und Zusammengehörigkeit, die diesen schrecklich durchgeschüttelten Planeten umhüllt. Und sobald wir diese Haltung der Ergebenheit annehmen, beginnt sie zu wirken. Thomas Merton sagt – an das genaue Zitat kann ich mich leider nicht mehr erinnern –, dass wir sie in unserem Akt der Hingabe bezeugen. Das eine zieht das andere nach sich. Sie manifestiert sich also erst, wenn wir uns hingeben. »Hingabe« bedeutet, sich zu ergeben, nicht dem Tod, sondern dem Leben.

Vertrauen andererseits ist etwas, über das ich gerade in diesen Zeiten sehr häufig nachdenke. Wir leben in einer Welt, in der ein paar ziemlich zweifelhafte Tipps aus der psychologischen Industrie in Umlauf sind, die uns helfen sollen, vorsichtiger unterwegs zu sein, die aber die angeborenen Fähigkeiten der menschlichen Seele stark unterschätzen. Es wird uns gesagt, wir dürften nicht vertrauen, solange wir uns nicht in einer vertrauenswürdigen Situation befinden; anderenfalls wären wir einfach dumm. Und man sagt, dass Menschen, deren Vertrauen immer wieder missbraucht wurde, nicht mehr vertrauen könnten. Nun, das *muss* nicht unbedingt wahr sein.

Ich selbst habe Workshops gehalten über etwas, das ich »proaktives Vertrauen« nenne. Vertrauen ist eine Seelenkraft. Wir können uns entscheiden, Vertrauen aus dieser seelischen Kraft heraus proaktiv zu vermitteln und zu schenken, weil Vertrauen tatsächlich gebraucht wird. Atmosphären mit einem zu hohen Grad an Misstrauen können toxisch wirken. Dies ist heute besonders wichtig, da, gerade in den USA, wenn nicht sogar auf der ganzen Welt, das Misstrauen derart zugenommen hat, dass sich kaum noch Politiker auf diesem Planeten finden, die sich als vertrauenswürdig erweisen, und kaum noch Sicherheiten, die nicht zusammenzubrechen dro-

Gottesname *ar-Raḥīm,* »der Barmherzige«, bedeutet gleichzeitig auch »Mutterschoß« [A.d.Ü.].

hen. Wenn wir also darauf warten, dass die Situation sich als vertrauenswürdig herausstellt, bevor wir selbst Vertrauen vermitteln, werden wir in dem Prozess alle buchstäblich sterben.

Das Gleiche gilt für das Vergeben. Uns wurde beigebracht, nicht zu vergeben, bis dass der Täter sein Fehlverhalten eingestanden hat. Nun, das ist nicht, was Jesus gesagt hat mit seinen Worten: »Siebzigmal siebenmal sollt ihr vergeben.« Er sprach von einem bedingungslosen Vergeben, also einer proaktiven Seelenkraft.

Vertrauen, Vergebung und Hoffnung – und ich denke auch Glaube – sind proaktive Kräfte der Seele. Aus unserem tiefen Geerdetsein heraus können wir uns entscheiden, sie auch in einer üblen Situation zu riskieren und anzubieten, weil, wenn wir das nicht tun, ein bereits toxisches Umfeld nur noch giftiger wird. Zugegebenermaßen ist dies ein Pfad des Martyriums, aber einer, den wir gehen können und, so denke ich, auch zu gehen lernen müssen, um diese Welt zu heilen.

Also sollten wir meiner Meinung nach, wo immer wir gerade stehen auf unserem schwierigen Weg aus dieser Pandemie heraus, täglich ein bisschen Vertrauen üben und Schritt für Schritt lernen, einer Sache Zuversicht entgegenzubringen, der wir bisher vielleicht nicht vertraut haben, und schauen, wie gut das funktioniert. Denn wir müssen Vertrauen neu aufbauen, und zwar als eine Substanz, nicht als eine Haltung. Ich kann mir vorstellen, dass die Übung des Vertrauens uns allen helfen wird im Hinblick auf jene Prüfung, die uns Boros dargelegt hat.[50] Auch in *Die Brüder Karamasow* von

50. »Es ist erschütternd zu sehen, wie das Leben aufblüht, wenn man ihm Vertrauen schenkt; wie die Menschen sich verändern, wenn man sie größer einschätzt (und sie entsprechend behandelt); wenn man ihnen durch eine stille, unaufdringliche Verehrung beweist, dass sie Gutes, Schönes und Liebenswertes in sich tragen, etwas, das als Verheißung in ihnen lebt, aber noch entfaltet werden muss. Ohne Hoffnung auf Größe verkümmert die menschliche Existenz, stirbt das Leben selbst ab« (Ladislaus Boros: *Im Menschen Gott begegnen*, Gesamtausgabe, Band 2, Seiten 224–225) [A.d.Ü.].

Dostojewski geht es darum: Einer der Brüder ist befremdet und sauer und unglücklich, worauf ihm der alte spirituelle Meister eindrucksvoll rät: »Bemühen Sie sich zu lieben!«[51] Speisen Sie die Armen, tun Sie irgendetwas, um Liebe zu praktizieren! Und es stimmte: Nach wenigen Wochen der praktizierten Liebe hatte er Glauben, der überfloss. Wir können dabei wirklich überall, egal wo, beginnen.

Frage: Boros' Sicht auf den Tod stammt aus einer ganz bestimmten Tradition. Nun gibt es noch viele weitere Überlieferungen, die sich heranziehen lassen, etwa das Tibetanische Totenbuch aus dem Buddhismus mit seinem Glauben an die Reinkarnation und andere. Haben Sie persönlich irgendwelche Kriterien, nach denen Sie diese vielen unterschiedlichen Ansichten zu dem Thema sortieren oder einordnen?

Cynthia Bourgeault: Ja, das habe ich, aber dies ist nicht etwas, was ich anderen Menschen aufdrängen möchte. Es ist keine Frage der intellektuellen Wahl. Vieles von dem, was uns auf unserem persönlichen spirituellen Weg begegnet, geschieht deshalb, weil der Weg *uns* sucht, und nicht umgekehrt. Auf jedem Weg gelangen die Konzepte, mit denen wir ursprünglich aufgebrochen sind, mit der Zeit in Schieflage, weil sie sich als viel zu vereinfachend herausstellen. Und ich denke, das westliche Sucher und Sucherinnen zu einer sehr vereinfachten Vorstellung der östlichen Reinkarnationslehren tendieren. Wenn Sie sich auf einer fortgeschritteneren Stufe damit beschäftigen, das heißt, wenn man Ihnen zu diesen in-

51. »Bemühen Sie sich, Ihre Nächsten tätig und unermüdlich zu lieben. In dem Maße, wie Sie in der Liebe fortschreiten, werden Sie sich auch vom Dasein Gottes und von der Unsterblichkeit Ihrer Seele überzeugen. Wenn Sie aber in Ihrer Liebe zum Nächsten bis zur vollen Selbstverleugnung gekommen sind, dann werden Sie auch den vollen Glauben errungen haben, und dann wird sich kein Zweifel mehr in Ihre Seele einschleichen können« (FJODOR MICHAILOWITSCH DOSTOJEWSKI: *Die Brüder Karamasoff*, Sämtliche Werke in zehn Bänden, München/Zürich: Piper, 1980, Seite 91) [A.d.Ü.].

neren Lehren überhaupt Zutritt gewährt, dann beginnen Dinge, die von außen betrachtet als sehr verschiedene Optionen erscheinen, sich einander anzunähern.

Daher würde ich vorschlagen, dass Sie – vielleicht nach einer gewissen Zeit des Herumstöberns und Ausprobierens – es zulassen, dass der Weg *Sie* ruft, dass Sie so viel Übereinstimmung mit ihm spüren, dass Sie es akzeptieren, vom Weg selbst geführt zu werden. Wir müssen uns bewusst sein, dass jeder Weg dunkle Nächte oder Sandbunker (wie auf dem Golfplatz) kennt, weil das Leben solche kennt. In der christlichen Tradition heißen sie »die dunklen Nächte«. Auf jedem Weg gibt es diese Zeiten, in denen unser kleines Selbst mit gänzlicher Verwirrung zu kämpfen hat und nicht weiß, wo es langgeht. Wir brauchen Wege und Lehrerinnen und Lehrer, denen wir vertrauen können, dass sie uns da hindurchführen. Denn letztendlich, wenn wir durch das Nadelöhr müssen, können wir das Ganze nicht mehr kontrollieren. Dann müssen wir uns sehr genau an den Pfad halten, auf den wir gerufen wurden, damit wir da durchkommen.

Für mich persönlich gab es nie einen Zweifel, dass ich auf dem christlichen Weg bleiben würde. Wenn ich einfach einen Pfad aus dem Blauen heraus hätte wählen können, hätte ich wohl spontan den Weg der Sufis gewählt. Aber aufgrund meiner persönlichen Begegnung mit Jesus und verschiedener anderer Dinge war es von Anfang an klar, dass ich auf dem christlichen Weg bin. Und das war's dann; auf dem wurde ich gebraucht und den bin ich auch gegangen. Aber ich betrachte den Sufismus und den tibetanischen Buddhismus mit besonderer Liebe und als sehr stark mit mir übereinstimmende Lehren. Und sie haben für mich enorm viel Licht auf den Kern des Christentums geworfen. Aber wenn es ans Eingemachte geht, ziehe ich den christlichen Pfad vor, denn damit zu arbeiten und ihn zu gehen, habe ich mich verpflichtet.

Auf dem christlichen Weg brauchen wir keine Reinkarnation und sie würde uns auch nicht wirklich etwas bringen.

Auch wir haben all diese inneren »Seinskörper«, von denen die östlichen Traditionen sprechen, aber wir erfahren sie nicht auf diese Weise. Und wenn wir einmal in unserem physischen Körper gestorben sind, brauchen wir keine weiteren Male in diese physische Form zurückzukehren, weil unser »zweiter Körper« uns weitertragen kann, der in den leichteren Reichen viel besser funktioniert. Auch wir reden mitunter durchaus von einem Zurückreisen in die Form, aber dabei geht es nicht notwendigerweise um die Rückkehr in irdischer, menschlicher, tierischer oder überhaupt einer geschöpflichen Gestalt; es kann sich auch um die ätherische, die astrale oder die seelische Form handeln, je nachdem, was wir hier gelernt, verwirklicht – Gurdjeff würde sagen: aktualisiert – oder an Gutem getan haben. Das also wird der »innere Körper« sein, in dem wir landen, wenn wir sterben.

Frage: Könnten Sie uns eine kurze Definition dieser »inneren Körper« geben? Was meinen Sie damit?

Cynthia Bourgeault: Nun, das Beste wäre, wenn Sie mein Buch *Das Auge des Herzens* lesen würden, weil ich das Thema dort sehr detailliert darlege. Wir alle sind aufgebaut wie russische Matrjoschka-Puppen, die ineinander verschachtelt sind. Wir besitzen unseren äußeren Körper, der uns in der Welt herumbringt. Die weiteren Körper werden zunehmend intensiver, leichter, geräumiger und natürlich unsichtbarer, und sie wohnen sozusagen ineinander.

Der unmittelbar nächste oder »zweite Körper« in unserem ersten zeigt sich uns häufig als eine Qualität von Lebendigkeit; womit wir wieder beim Thema des Autopiloten wären. Wenn wir auf Autopilot geschaltet sind, stecken wir einfach nur in unserem ersten Körper und nichts darin ist lebendig. Wenn wir jedoch aufwachen und *bewusst* in unserem Körper sind, beginnen wir, die Welt durch unseren zweiten Körper zu erfahren, und das fühlt sich geräumiger an. Jemand hat mich einmal gefragt: Hat der zweite Körper Emotionen? Die

Antwort lautet: Nein, der zweite Körper hat Gefühle. Das ist etwas völlig anderes. Alles im zweiten Körper ist geräumiger, weniger auf unser egoisches Selbstzentrum ausgerichtet, überströmender, durchdringender, viel intensiver und gleichzeitig viel, viel leichter.

Der dritte Körper, von dem ich nur ein klein bisschen erfahren habe, ist so etwas wie der zweite Körper »auf Steroiden« und er hat sein wirklich starkes Epizentrum in der Liebe, in österlicher oder christischer Liebe. Er durchflutet alles mit einer zarten und stützenden Liebe. Einige der Teilnehmerinnen und Teilnehmer haben in ihren Beiträgen zum Austausch während dieses Kurses mitunter Worte geschrieben, die eindeutig aus dem dritten Körper stammen; es ist jedes Mal magisch und äußerst berührend, so etwas zu lesen.

Frage: In Lektion 10 sprachen Sie von der »zerklüfteten Bruchlinie, welche die Schöpfung seit ihrem Ursprung durchzieht«. Können Sie etwas genauer ausführen, was diese für Sie bedeutet?

Cynthia Bourgeault: Ein Teilnehmer hat mir kürzlich etwas geschrieben, was dasselbe Thema betrifft, und hat gemeint: Sind wir etwa schon wieder bei der Sühnopfertheologie angekommen? Was sollen wir bloß anfangen mit einem Gott, Der von Seinem Sohn verlangt zu leiden und zu sterben?

Das Problem ist Folgendes: Zumindest in den westlichen mystischen Traditionen – und damit meine ich hier das Christentum, insbesondere das östlich-orthodoxe, aber auch die Kabbala und den Sufismus – gibt es diese sehr starke Vorstellung von einer Art Planck-Konstante eines Leidens, das unabdingbarer Bestandteil jener Kosten ist, die damit einhergehen, dass überhaupt etwas aus nichts entstehen kann. Wir können die Schuld daher nicht dem »Sündenfall« in die Schuhe schieben, nicht einem Apfel und nicht den Menschen. Diese Konstante des Leidens gab es bereits lange, lange, bevor der Mensch auftauchte.

Der Autor, der das in meinen Augen am klarsten gesehen hat, ist der Mystiker Jakob Böhme, der zwischen dem späten sechzehnten und dem frühen siebzehnten Jahrhundert lebte; ein einfacher Schuhmacher, der Visionen hatte, die weit über diejenige von Boros hinausgingen. Er schaute in seiner wirklich »verrückten«, quasi-physischen oder metaphysischen Eingebung, fast als hätte er die Bernoulli-Gleichung vorausgesehen,[52] wie etwas aus dem Nichts entstehen kann. Er fragte sich, warum die endlose Einheit der göttlichen Seinsheit überhaupt Form und Gestalt annehmen wollte? Nun, diese Frage konnte er natürlich nicht beantworten, aber er hatte eine Vision darüber, *wie* dies geschehen war: Nachdem der Entscheid gefallen war, *dass* etwas geschaffen werden sollte, sagt Böhme, war das einzige Rohmaterial, mit dem gearbeitet werden konnte, der göttliche Wille. Und der war in einem Zustand der Ausgeglichenheit. Also wurde er zusammengepresst zu Begehren, sodass er, wie alle Dinge, die man zusammendrückt, in Fluss geriet. Doch wie wir alle wissen, ist Begehren schmerzhaft. Und für Gott wurde dieses Begehren besonders schmerzhaft, da es nichts gab, kein Objekt, an dem Er es hätte stillen können. So wurde dieses Begehren also immer heißer und heißer, bis es schließlich den Siedepunkt erreichte und explodierte – und zwar in Bewusstsein, in Empfindungsvermögen. Und von da an nahm alles seinen Lauf.

Darin sehen wir den Preis oder die Kosten, also das Leiden, das entstehen muss, wenn etwas unter Druck gerät, was zuvor frei und luftig war, damit überhaupt erst Form, Manifestierung und Liebe entstehen können. Das erschafft eine Last von Schmerz und Leid, die nicht restlos von uns ge-

52. Die Bernoulli-Gleichung oder das Gesetz von Bernoulli, benannt nach dem Schweizer Mathematiker und Physiker Daniel Bernoulli (1700–1782), ist eine physikalische Grundgleichung zur Beschreibung des Strömungsverhaltens von Flüssigkeiten und Gasen und bis heute von großer Bedeutung für die Hydraulik und die Aerodynamik [A.d.Ü.].

nommen werden kann, weil das die Kosten des Entstehens sind, das Anstellgut im Sauerteig für das Brot der Schöpfung.

Worin uns die traditionelle Theologie ein bisschen für dumm verkaufen wollte, ist die Tatsache, dass diese Kosten auch zwischen den unerschaffenen und den erschaffenen Reichen anfallen; die klassische Theologie sagt, dies alles sei »unsere Schuld«. Und zwar sagte sie das, weil Gott nur gut sein kann, nicht wahr? Also müssen wir Menschen die »Bösen« sein. Ich glaube, in der modernen Psychologie nennt man so etwas »Spaltung«. Aber wenn man all diese Einsichten zusammennimmt, erzeugen sie ein tiefgreifendes Empfinden von Mitgefühl. Dies *sind* die Kosten von allem. Es ist auch ein Grund dafür, dass die westlichen Traditionen immer gesagt haben, dass Leiden nur transformiert, nur in Heiligkeit verwandelt, nicht aber restlos von uns genommen werden kann. Und heilig gemacht wird es durch bewusstes Ertragen.

Wenn ich Jesus unter diesem Aspekt betrachte, sehe ich alles andere als einen Gott, Der Seinen einzigen Sohn ans Kreuz schlagen lassen musste, nur um Seinen Zorn zu lindern. Eher sehe ich Jesus als eine Art Eingeständnis Gottes, dass Er Verantwortung übernehmen musste und dass Er der erschaffenen Ordnung eine Präsenz von derart großer Zartheit und Hilfe und bedingungsloser Vergebung schenken musste, dass wir durchzustehen vermögen, was auch immer wir durchzustehen haben, im Wissen, dass er [Jesus] da ist, die Bruchlinie zu überwinden, die wir nicht selbst überwinden können.

Genau darüber schreibt Boros im letzten Teil seines Buches, das ich in diesem Kurs bewusst nicht behandelt habe, weil es ein zu schwieriges Thema wäre für Menschen, die nicht auf das vorbereitet sind, was er dort sagt. *Das* ist es, was den Riss überwindet, *Jesus* ist es, der die Bruchlinie überwindet, die wir sehen in sterbenden Kindern, in jugendlichen Selbsttötungen, in Menschen, die in ihrer Verzweiflung Nein sagen zum Leben… *Christus* überwindet den Zwischenraum, *er* ist das Geschenk. Das ist die Bürde, die wir alle tragen, damit die Liebe sich manifestieren kann, die die Form überhaupt erst erweckt hat.

Also haben Sie Vertrauen! Machen Sie sich nicht allzu viele Sorgen und glauben Sie nicht an einen Gott, Der Seinen Sohn am Kreuz brutal behandelt! Es geht in Wirklichkeit um etwas viel, viel Tieferes.

Über die Autorin

Die US-Amerikanerin Cynthia Bourgeault ist Doktorin der Mediävistik, Priesterin der episkopalen anglikanischen Kirche und hält weltweit Vorträge und Seminare zum Thema des christlichen kontemplativen Pfades. Neben ihrer theologischen Ausbildung studierte sie viele Jahre in einer Gurdjieff-Schule und beschäftigte sich auch intensiv mit dem Sufismus sowie den mystischen Traditionen des Ostens. Sie engagiert sich für den interspirituellen Dialog und ist eine der führenden Lehrerinnen der Praxis des Gebets der Sammlung (oder des zentrierenden Gebets) nach Thomas Keating, Bruno Barnhart und Richard Rohr, mit denen sie jahrelang eng zusammengearbeitet hat.

www.cynthiabourgeault.org

Der Chalice Verlag widmet sich
der Publikation von wertvollen Texten
aus verschiedenen spirituellen Traditionen

Unser aktuelles Verlagsprogramm sowie weiterführende
Textbeiträge, Audioaufnahmen und Videos
finden Sie auf unserer Webseite

chalice.de

Chalice Verlag

WEITERE TITEL IM CHALICE VERLAG

Ladislaus Boros

Mysterium mortis
Der Mensch in der letzten Entscheidung
Mit einer Einführung von
Cynthia Bourgeault

Erlöstes Dasein
Theologische Betrachtungen

Phasen des Lebens

Gesamtausgabe Band 3

Chalice Verlag

Band 3 unserer elfbändigen Gesamtausgabe des Theologen und Philosophen Ladislaus Boros enthält dessen berühmtestes Werk, *Mysterium mortis: Der Mensch in der letzten Entscheidung,* mit einer längeren kommentierenden Einführung von Cynthia Bourgeault, sowie seine beiden Einzeltitel *Erlöstes Dasein: Theologische Betrachtungen* und *Phasen des Lebens.*

»Der Sinn der Hypothese, welche zu begründen wir in *Mysterium mortis* versuchen werden, lautet: Im Tod eröffnet sich die Möglichkeit zum ersten vollpersonalen Akt des Menschen; somit ist der Tod der seinsmäßig bevorzugte Ort des Bewusstwerdens, der Freiheit, der Gottbegegnung und der Entscheidung über das ewige Schicksal. [...] Der Tod ist die Stelle der totalen Intuition. Eine mächtige Schau der Wirklichkeit erwächst im Tode. [...] Gleichzeitig fällt die durch die zukunftsgerichtete Aufmerksamkeit erzeugte Trennungslinie zwischen Gegenwart und Vergangenheit dahin und der Mensch steht da als reine Dauer, in der Fülle des ganzen Lebens. Die Vergangenheit, die unbeweglich und gleichsam nur vereist in ihm vorhanden war, erwärmt sich und lebt auf. Dies ist die Geburt des Geistes zu seiner Weltinnewerdung und zu seiner eigenen Totalität. So entsteht das Universum in seiner vollen Gestalt im Akt des Todes und der Mensch wird seines eigenen ungeteilten Lebens inne. Aus seinem nun ganzheitlich gesetzten Wesen heraus vermag er jetzt, und erst jetzt, seine ganzheitliche Entscheidung zu treffen.«

ISBN 978-3-942914-73-4
380 Seiten

Unsere Kultur thematisiert den Prozess des Älterwerdens zunehmend unter reinen Gesundheitsaspekten; entsprechend besorgt schauen die meisten Menschen dem Spätherbst ihres Lebens entgegen. Wer die Ziellinie möglichst besterhalten als Letzter überquert, hat gewonnen – so lautet das fragwürdige Versprechen des kollektiven Fitnesswahns. Dabei bietet ein bewusstes Altern die unschätzbare Chance einer tiefgreifenden inneren Wandlung und Erneuerung, wenn wir uns mit echtem Anfängergeist, mit hoffnungsvoller Neugier und der Bereitschaft, überkommene Selbstbilder abzulegen, darauf einlassen. In zwölf lehrreichen Lektionen zeigt die Theologin und Weisheitslehrerin Cynthia Bourgeault einfühlsam und anschaulich, wie wir auf Basis bewusster Entscheidung, vertrauensvollem Jasagen, aufrichtiger Selbstgewahrwerdung und Verantwortungsübernahme für unseren Geisteszustand die »aufsteigende Daseinskurve« unseres Lebens schwungvoll zu nehmen vermögen. In unterschiedlichen Begriffen (wie etwa »neuer Mensch«, »innerer oder zweiter Körper«, »Auferstehungsleib« oder auch »Hochzeitsgewand«) mahnen uns alle spirituellen Traditionen der Welt, uns bereits heute vorzubereiten für das ewige Leben nach unserem Erwachen. Wie wir das allerspätestens in unserer zweiten Lebenshälfte konkret anstellen und einüben können, sodass wir im bewussten Älterwerden unsere neuen Blüten aus der »Wurzel der Wurzel unserer selbst« entspringen lassen, davon handelt dieses ermutigende Buch voller Altersweisheit.

ISBN 978-3-942914-91-8

134 Seiten

Was geschieht mit uns, wenn wir sterben? Was bedeutet der Tod für eine Partnerschaft? Dieses aufwühlende Buch erzählt die wahre Geschichte einer außergewöhnlichen Beziehung zwischen einer anglikanischen Priesterin und einem Trappisten-Einsiedlermönch und wie aus ihrer bewussten Liebe eine gemeinsame »vermögendere Seele« erwächst, die zur spirituellen Entwicklung beider beiträgt und es schließlich sogar vermag, die Schwelle des Todes zu überwinden. Mit berührender Offenheit und geistiger Brillanz legt die Autorin ihre profunden Einsichten dar in die großen Menschheitsfragen zu Liebe und Partnerschaft, Altern und Sterben, Tod und Auferstehung. »Wenn wir die ewige Gemeinschaft finden wollen, dürfen wir uns nicht davor fürchten, uns hinauszuwagen auf das dunkle, schwarze Meer dessen, was ein unbeschreibliches Fehlen zu sein scheint«, appelliert sie an unseren Mut zur Selbsterkenntnis. Dabei hinterfragt sie die teils unstimmigen, teils einschläfernden Antworten der Sonntagsschultheologie mit einem Weckruf, der auf den überraschenden inneren Lehren basiert, wie sie in der christlichen Tradition von Jakob Böhme, G.I. Gurdjieff, Boris Mouravieff oder Ladislaus Boros vertreten werden, und lässt auch ihre »metaphysischen« Lieblingspoeten T.S. Eliot, John Donne, Rainer Maria Rilke und William Shakespeare zu Wort kommen. »Der Tod eines Geliebten bedeutet nicht das Ende einer Beziehung, sondern einfach eine neue und subtilere Phase des Miteinandergehens.«

ISBN 978-3-942914-55-0
232 Seiten

Das Gebet der Sammlung (oder das Zentrierende Gebet) ist eine authentische christliche Kontemplations- und Meditationspraxis, die es uns erlaubt, durch das Loslassen unserer Gedanken in der tiefsten inneren Stille unseres Herzens die Gegenwart Gottes und unser Einssein mit der ganzen Schöpfung zu erfahren. Dieses Buch bietet einen sorgfältigen Einführungskurs in diese faszinierende Übung, die in den 1970er-Jahren von einer Gruppe von Mönchen rund um den US-amerikanischen Trappisten Thomas Keating entwickelt wurde und heute von Hunderttausenden in aller Welt praktiziert wird. Die episkopale Priesterin, Theologin und Mystikerin Cynthia Bourgeault ist eine direkte Schülerin Keatings und lehrt die christliche Kontemplation und das Gebet der Sammlung seit vierzig Jahren. Im ersten Teil dieses Buches gibt sie kostbare Praxistipps für den Einstieg und die Vertiefung in die Übung. Der zweite Teil beleuchtet die Bedeutung des Herzens als Zentralorgan der spirituellen Wahrnehmung aus dem Blickwinkel der christlichen mystischen Traditionen sowie die jüngsten Erkenntnisse der Neurowissenschaften über die förderlichen Aspekte einer Resonanz von Gehirn- und Herzaktivität. Im dritten Teil nimmt uns die Autorin mit auf eine fesselnde Entdeckungsreise durch den mittelalterlichen Kontemplationsklassiker *Wolke des Nichtwissens,* der ältesten Quelle des Gebets der Sammlung und einer der frühesten christlichen Texte zur Phänomenologie des menschlichen Bewusstseins.

ISBN 978-3-942914-50-5
256 Seiten

Die erste Monografie über den amerikanischen Trappistenmönch Thomas Keating (1923–2018) und seinen beeindruckenden Werdegang von einem einfachen Novizen zum vollkommen verwirklichten, modernen christlichen Mystiker. Die Theologin, episkopale Priesterin und Weisheitslehrerin Cynthia Bourgeault, die viele Jahre das Gebet der Sammlung bei ihm studiert hat und heute als führende Exponentin dieser kontemplativen Praxis gilt, legt hier eine einfühlsame Beschreibung seiner inneren Verwandlung und eine kongeniale Interpretation seiner Lehren und Schriften vor. Mit der Nachzeichnung seiner krisenhaften Reisen durch die »dunkle Nacht des Geistes«, seines zunehmenden Engagements im interspirituellen Dialog und seines immer tiefer werdenden Verstehens von non-dualer Spiritualität zeigt die Autorin auf, welch hoffnungsvolle Perspektiven sich öffnen können, wenn wir versuchen, in unserem Leben wieder stärker mit dem Heiligen in Berührung zu kommen. Nur das Auge des Herzens durchschaut die Illusion der Trennung und erkennt den Wegverlauf ins Einssein. – »Dieses Buch bringt ihn uns als einen kontemplativen Menschen näher und als ein Beispiel für die Möglichkeit, unseren Geist zu transformieren und gleichzeitig eine aufrichtige Warmherzigkeit zu kultivieren« (Seine Heiligkeit der 14. Dalai Lama). – »Cynthia Bourgeault ist die brillanteste und die einfühlsamste Interpretin dieses kontemplativen Giganten unserer Zeit« (Richard Rohr OFM).

ISBN 978-3-942914-87-1
320 Seiten

Ist Maria Magdalena die wahre Erbin des spirituellen Vermächtnisses Jesu? Könnte »die Erste unter den Jüngern« uns den Weg weisen zu einer neuen Vision für ein Christentum im einundzwanzigsten Jahrhundert? Cynthia Bourgeault legt hier eine scharfsinnige Analyse und provokante Synthese der neuesten Erkenntnisse und wiederentdeckten Quellenmaterialien zur Figur und Wirkung der »Apostelin der Apostel« vor. Allzu enge feministische Blickwinkel erweiternd, formuliert die Autorin die wirkliche Frohe Botschaft des Weisheitschristentums neu und verständlich. Befreit vom jahrhundertealten Staub eines patriarchalisch-orthodoxen, frauenfeindlichen Narrativs, lernen wir durch Maria Magdalena die Lehren Jesu in neuem Licht als einen Pfad der bewussten Liebe kennen. Aus den drei »gnostischen« Evangelien des Thomas, des Philippus und der Maria eröffnet uns das Buch neue, erhellende Einsichten in zentrale Aspekte wie das österliche Mysterium um die Auferstehung, die Bedeutung und das Potenzial eines Sakraments der Salbung, die Problematik eines falsch verstandenen Zölibats bei der spirituellen Transformation des Eros oder die non-duale Wahrnehmung der Wirklichkeit durch unser Auge des Herzens. Für traditionsverhaftete Kirchengläubige mag die alles integrierende Weisheit von Jesus und Maria Magdalena eine Herausforderung darstellen, für spirituell hungernde »Christen mit gebrochenem Herzen« ist sie eine Offenbarung.

ISBN 978-3-942914-53-6
328 Seiten

Ein weises Wort besagt: Die dunkelste Stunde liegt kurz vor der Morgendämmerung. Ebenso wissen wir: Alles Leben beginnt im Dunkel. Warum also fürchten wir die Dunkelheit und versuchen so angestrengt, sie zu meiden? Könnte es sein, dass wir große Möglichkeiten vertun, wenn wir den dunklen Aspekten und Phasen unseres Lebens um jeden Preis zu entfliehen versuchen? Noch bevor Licht war, war Gott. Tatsächlich erschuf Er alles – das Universum, die Welt und uns als Sein Abbild, Sein Gleichnis und Seinen Atem – aus der tiefsten Dunkelheit heraus. In diesem geistreichen und ermutigenden Buch untersucht der Mystiker, Priester, Theologe und Psychologe Paul Coutinho, weshalb selbst gläubige Menschen sich vor Zeiten des Dunkels, des Schmerzes, der Veränderung und des Sterbens fürchten, wo wir doch alle wissen müssten, dass ohne Dunkelheit auch kein Licht auf unseren Lebensweg fallen und uns nach Hause leiten könnte. Mit seinem undogmatischen östlichen Blick auf eine gelebte christliche Spiritualität und anhand eindrücklicher Geschichten aus seiner eigenen Lebens- und Berufserfahrung in Indien und den USA zeigt uns der Autor, wie wir unsere Angst vor diesem Dunkel überwinden und gestärkt aus persönlichen Krisen hervorgehen können. Indem wir die wichtige Rolle der Dunkelheit auf unserer spirituellen Reise verstehen lernen, vermögen wir die Göttliche Liebe an Orten und zu Zeiten zu erfahren, wo wir sie am wenigsten vermuten.

ISBN 978-3-942914-25-3
148 Seiten

»Dieses Buch ist die Geschichte einer Liebe – einer Liebe, die sich dem Tod stellt. Zu wissen und zu akzeptieren, dass unser Körper stirbt, dass dies die einzige Zeit ist, die wir haben, ist die mächtigste Waffe, die wir jemals besitzen können. Mit diesem Wissen kann für uns ein leidenschaftliches Leben beginnen, in dem wir keinen Augenblick der kostbaren Zeit mehr vergeuden, die uns zugeteilt ist, und uns dankbar in die Unmittelbarkeit des Lebens stürzen. Wir arbeiten jetzt für die Zukunft der Menschheit, und wenn wir wissen, dass wir geliebt sind, wird die Zeit auf unserer Seite sein.« Diese Fortsetzung der Autobiografie *Die letzte Schranke* ist ein faszinierender Bericht über die Suche nach der wahren Bedeutung des Lebens, eine spannende Reise in die Wirklichkeit und eine bewegende Liebesgeschichte. Nach seiner Rückkehr aus der Türkei und der Welt des Sufismus trifft Reshad Feild in England auf Menschen, die ihm auf seinem Weg der Transformation weiterhelfen und ihn tiefer in das Geheimnis des Atems einführen. Da ist Elizabeth, in strengem Tweed-Kostüm und »vernünftigen« britischen Schuhen, die sich als profunde Lehrerin herausstellt. Da ist die schöne, rätselhafte Nur, in die sich Reshad Hals über Kopf verliebt. Und da ist John, der weise Mystiker in Wales, der an Krebs stirbt und den beiden eindrucksvoll zeigt, wie ein wahrer Sufi bewusst loslässt, während er bei jedem Atemzug wach bleibt für die Gegenwart Gottes, an nichts mehr festhaltend außer am Wissen um die Liebe.

ISBN 978-3-942914-12-3
180 Seiten

Inmitten der Wirren des Ersten Weltkriegs und der Russischen Revolution schließen sich die Sängerin und der Komponist Olga und Thomas de Hartmann in Sankt Petersburg dem geheimnisvollen spirituellen Lehrer G.I. Gurdjieff an und weichen ihm siebzehn Jahre lang nicht mehr von der Seite. Nach ihrer abenteuerlichen, als wissenschaftliche Expedition getarnten Flucht aus dem untergehenden Zarenreich gelangt die eingeschworene Gruppe von Wahrheitssuchern über den Kaukasus, die Türkei und Berlin nach Frankreich und bis in die USA. Dabei erdulden die ehemaligen Aristokraten psychische und körperliche Prüfungen, Krankheit, Armut und Hunger, während sie unter der weisen Leitung ihres Meisters an einer Vervollkommnung ihres Wesens arbeiten und mit schier übermenschlicher Kraft nach Selbsterkenntnis streben. Als Vertraute des charismatischen Lebenslehrers sind sie maßgeblich beteiligt am Aufbau von dessen »Institut für die harmonische Entwicklung des Menschen« und an der Entstehung seiner einzigartigen rhythmischen Bewegungen, seiner Herz und Seele berührenden Musik und seiner Schriften. Diese sehr persönlichen Aufzeichnungen ihrer äußeren und inneren Reise als wichtigste frühe Weggefährten Gurdjieffs ergeben ein beeindruckendes Zeitzeugnis und eine äußerst spannende Lektüre, die authentische Einblicke gewährt in außergewöhnliche Lebensgeschichten rund um eine der faszinierendsten und rätselhaftesten Figuren des zwanzigsten Jahrhunderts.

ISBN 978-3-942914-39-0
380 Seiten · 60 Abbildungen